Hermann Häring (Hg.)

Gottesglaube in einer multikulturellen und säkularisierten Gesellschaft/ Faith in God in a multicultural and secularized society

Nijmegener Studien zur Systematischen Theologie / Nijmegen Studies in Systematic Theology

herausgegeben von

Georg Essen,
Hermann Häring,
Dr. Toine van den Hoogen

Katholische Universität Nijmegen,
Faculteit der Godgeleerdheid

Band 1

LIT

Hermann Häring (Hg.)

Gottesglaube in einer multikulturellen und säkularisierten Gesellschaft/ Faith in God in a multicultural and secularized society

LIT

Bibliographic information published by Die Deutsche Bibliothek
Die Deutsche Bibliothek lists this publication in the Deutsche
Nationalbibliografie; detailed bibliographic data are available in the
Internet at http://dnb.ddb.de.

ISBN 3-8258-4168-5

© LIT VERLAG Münster   2004
Grevener Str./Fresnostr. 2   48159 Münster
Tel. 0251-23 50 91   Fax 0251-23 19 72
e-Mail: lit@lit-verlag.de   http://www.lit-verlag.de

Distributed in North America by:

Transaction Publishers
New Brunswick (U.S.A.) and London (U.K.)

Transaction Publishers   Tel.: (732) 445 - 2280
Rutgers University   Fax: (732) 445 - 3138
35 Berrue Circle   for orders (U. S. only):
Piscataway, NJ 08854   toll free (888) 999 - 6778

Studien Nimwegener Systematische Theologie

Geleitwort zur Reihe

Nach einer langen Vorgeschichte können wir den ersten Band der Reihe der *Studien Nimwegener Systematische Theologie* vorlegen. Der Zeitpunkt dafür ist günstig. Nach dem 2. Vatikanischen Konzil wurde die Nimwegener Systematische Theologie durch Namen wie P. Schoonenberg und E. Schillebeeckx bekannt. Biblische Begründungen und Zusammenhänge wurden für die Inhalte des christlichen Glaubens ebenso erarbeitet wie ein umfassender hermeneutischer Zugang zum Verständnis dessen, was Menschen heute bewegt und welche Zukunftsgestalt wir vom Zusammenleben der Menschheit erwarten. So wurde die ganze Dramatik der Konzilsjahre in fruchtbare theologische Modelle gebündelt und für weitere Diskurse verfügbar gemacht. Seit den siebziger Jahren kamen die Probleme einer säkularisierten Gesellschaft sowie unerwarteter emanzipatorischer Strömungen hinzu. Daraus ist ein Denkstil erwachsen, der die katholische Kirche und Theologie der Niederlande für die kommenden Jahrzehnte nachdrücklich geprägt hat.

Seit einigen Jahren scheint sich jedoch ein Umbruch abzuzeichnen. Einerseits wird das Projekt der Moderne der kritischen Reflexion unterworfen, andererseits tritt die Frage nach Glaube und Religion in einer multikulturellen und multireligiösen Gesellschaft immer mehr in den Mittelpunkt. Diese Entwicklungen entsprechen einem tiefgreifenden Umschwung in der niederländischen Kultur. In ihr streben die Säkularisierungsprozesse und die Neuentdeckung des Religiösen ebenso einem paradox gemeinsamen Höhepunkt zu wie das erneute Interesse an den monotheistischen, den asiatischen und den „neuen" Religionen. Insgesamt entsteht eine bizarre Gesamtkonstellation, deren Hintergründe noch nicht hinreichend erhellt sind. Viele Indizien sprechen dafür, dass sich in den Niederlanden wieder einmal gesellschaftliche und kulturelle Tendenzen abzeichnen, die westeuropäische Entwicklungen vorwegnehmen.

Die Nimwegener Systematische Theologie wird sich diesem Umschwung stellen. In den vergangenen Jahrzehnten haben wir uns ein gutes hermeneutisches, kontextuelles und interreligiöses Handwerkszeug erworben. Im Verlauf der Jahre sind Kontakte zum angelsächsischen Raum hin gewachsen; die Beziehungen zum deutschsprachigen Raum waren an der Universität von Nijmegen, die sich auch „Fenster zu Deutschland" nennt, schon immer intensiv. So bietet sich mit dieser Reihe eine Brückenfunktion zwischen zwei Denk- und Wahrnehmungsstilen geradezu an. In einer

GELEITWORT

Zeit, da das Projekt der europäischen Moderne in Diskussion geraten ist, nehmen wir diese Brückenfunktion sehr ernst. Wir wollen nicht nur vermitteln, den Austausch der Gedanken und Denkstile fördern, sondern auch eine Vielfalt systematisch-theologischer Ansätze präsentieren, um die fälligen Diskussionen voran zu treiben. Für diese Vielfalt stehen die drei Herausgeber der Reihe, die der „Nimwegener Systematischen Theologie" je auf ihre Weise ihren Stempel aufdrücken werden. Dass dabei - wie seit nunmehr 80 Jahren - die Frage nach Gott im Zentrum unserer Fragen steht, bedarf für ein theologisches Unternehmen keiner besonderen Begründung. Deshalb wagen wir mit diesem Band einen programmatischen Beginn.

Der LIT-Verlag hat die Pläne zu dieser Reihe von Anfang an mit Geduld und Wohlwollen begleitet. Er macht es möglich, dass die Reihe sich gleichermaßen im niederländischen, im deutschen und im englischen Sprachraum bewegt. Vor allem danken wir der Verlagsleitung, dass sie das Zustandekommen dieser Reihe trotz vieler Schwierigkeiten unterstützt und möglich gemacht hat.

Nijmegen, im Oktober 2003

G. Essen   H. Häring   A. van den Hoogen

Inhalt

Geleitwort zur Reihe   5

Vorwort   9

Robert J. Schreiter
Faith Anno 1998   15

Johannes A. van der Ven
Is God Returning?   29

Anton Houtepen
Gott in einer multikulturellen Gesellschaft   55

Karl-Josef Kuschel
Abrahams Kinder: Das christliche Gottesverständnis
angesichts der Herausforderung von Judentum und Islam   73

Elisabeth Schüssler-Fiorenza
G*tt: Mit vielen Namen - ohne Ort und geeigneten Namen   93

Hermann Häring
Sprechen über Gott anno 2003   115

VORWORT

Im Kabinett des Kanzlers Bismarck, so wird erzählt, schloss man Wetten über den Zeitpunkt ab, an dem die christliche Religion von der westeuropäischen Landkarte endgültig verschwindet. Doch diese Hoffnung verflüchtigte sich schnell und ist heute unrealistischer denn je. Schon an der Wende zum 20. Jahrhundert hielt man die Frage für überholt. Das einfache Volk, so dachte man jetzt, werde Religion immer nötig haben. Man kehrte damit zu einer alten Überzeugung der Aufklärungszeit zurück. Wie bei J.J. Rousseau nachzulesen ist, galt Religion als notwendig für eine staatstragende Moral, insbesondere für den Todesmut im Krieg, der für die Betroffenen schon damals keine angenehme Angelegenheit war. Von Seiten der Philosophie aber blieben der traditionelle Glaube (christlich oder nicht) und die eingebürgerte Religion unter Betrugs- und Vertröstungsverdacht. L. Feuerbach hatte sein Ziel der Religionskritik über die Maßen erreicht. Nach ihm hielten Human- und Naturwissenschaften die Religion so eindeutig für so überholt, dass man deren Überflüssigkeit überhaupt nicht mehr zu beweisen suchte. S. Freud etwa fasste seine Religionskritik mit den kurzen Worten zusammen: „Ich habe der Religionskritik, die schon lange an ihr Ziel gekommen ist, nur einige Bemerkungen hinzugefügt."

Nach dem 1. Weltkrieg wurde die Lage dann noch dramatischer. Führende deutsche Theologen hatten 1914 den großen Kriegsaufruf des deutschen Kaisers mit unterzeichnet. Adolf von Harnack, der führende evangelische Theologe jener Zeit, gehörte zu seinen Verfassern. Wie war das möglich? Jetzt begannen auch Theologen an der Haltbarkeit der Religion in ihrem klassischen Gewand zu zweifeln; Religionskritik erhielt in der Theologie ihr Heimatrecht. Allerdings hatte sich dabei eine wichtige Dialektik entwickelt. Es entstand eine Religionskritik im Interesse eines besseren Christentums.

Dieses Projekt war radikal angelegt, hatte auf lange Zeit kathartische Wirkung und führte für den Begriff des christlichen Glaubens zu wichtigen Folgerungen. Christlicher Glaube wurde jetzt – so etwa in der Dialektischen Theologie - als ein Projekt existentieller Entscheidung begriffen. Auf alle Elemente der Absicherung, der Institutionalisierung oder der epistemischen Objektivierung war zu verzichten. Karl Barth, Rudolf Bultmann, später auch Dietrich Bonhoeffer wurden zu Kronzeugen oder Vorkämpfern eines solchen Vorhabens.

Lassen sich aber Glaube und Religion so streng voneinander zu unterscheiden, und sollte der christliche Glaube wirklich nichts mit Religion zu tun haben? Im Laufe der Zeit begann man, darüber differenzierter zu denken. Sehr früh war es P. Tillich, der deutlich machte, dass der Glaube ganz wesentlich in Religion und Religiosität, besser vielleicht: in religiöse Erfahrung sowie in eine umfassende Lebenspraxis eingebettet ist. Jede Religion hat einen kulturellen Leib, anders könnte sie nicht existieren. Religionswissenschaftler und Kenner anderer Religionen machten zudem deutlich, welche Anmaßung diese christliche, die wirklich „wahre" Religionskritik wider Willen einschloss. Sie war nämlich davon überzeugt, allein der christliche Glaube sei zu solch wahrer Religionskritik fähig; er könne sich also qualitativ über die anderen Religionen erheben. Im christlichen Glauben allein, so das Hauptargument, sei eine legitime Beziehung zu Gott angeboten und möglich. Alle anderen Formen der Religion seien hingegen Aberglaube, Götzendienst und deshalb das Gegenteil eines legitimen Glaubens.

Seit den siebziger Jahren schien dieser Streit gegenstandslos zu werden. Bald zeigte sich nämlich, dass mit den religiösen Beigaben zum christlichen Glauben (mit Frömmigkeit und religiösen Institutionen, mit moralischen Normen und liturgischen Codes, mit der religiösen Durchdringung einer Kultur und des individuellen Lebens), dass mit diesen religiösen Elementen des christlichen Glauben also der christliche Glaube selber versank. Die zur Selbstkritik gewendete Säkularisierung hatte jetzt nicht mehr eine kathartische, sondern eine lebensbedrohliche Wirkung. So musste die Frage also anders gestellt werden. Hinzu kam, dass die gesellschaftliche Entwicklung Religion und Glaube wieder zu Bundesgenossen machten. Es zeigte sich, dass es den reinen und perfekt gereinigten christlichen Glauben überhaupt nicht gibt. Vielmehr ist er immer eingehüllt in ein soziales und kulturelles Umfeld, umgeben von individuellen und politischen Interessen, angetrieben von tiefen menschlichen Bedürfnissen und Hoffnungen. Mehr noch, gerade diese kulturellen, sozialen, auf Praxis bezogenen Elemente sind es, die den Glauben zwar aushöhlen und entfremden, aber auch stärken und zu einer authentischen Praxis machen können. Man denke an die hohe Bedeutung, die Befreiungstheologie als Sozialkritik, „politische" Theologie als Politikkritik, feministische Theologie als Kulturkritik erhielten. So wurde allmählich der Blick für die Tatsache frei, dass Glaube schließlich als das Ensemble von mehreren Faktoren her gesehen und in seine jeweils konkreten Komplexität akzeptiert werden muss. Wer Glaube verstehen will, muss diese Gesamtkonstellation in den Blick bekommen.

Der Kongress, den wir hier dokumentieren, war von diesem Ansatz her konzipiert. Ich nenne folgende Elemente:
- Glaube an Gott, oder sagen wir: ein vorbehaltloses Vertrauen auf Gott bildet den Kern aller Religion. Das ist zunächst eine beschreibende Aussage, auch wenn sie unmittelbar zu normativen Elementen hinführt und über die leitenden Begriffe wie Glaube, Vertrauen und Gott eine breite Diskussion geführt werden kann. Solches

glaubende Vertrauen ist nicht nur in der christlichen Religion, sondern auch in anderen Religionen zu finden.

- „Gott" ist hier kein fiktiver, wohl aber ein inklusiver Begriff, der die Sache Gottes, um die es letztlich geht, vom Konzept der monotheistischen Religionen her begreift. Gemeint ist die Mitte des Glaubens, umschreibbar als die „letzte Instanz", als „Ursprung und Ziel", als „letztes Geheimnis", vielleicht auch als der letzte „Abgrund" oder als dasjenige, worüber wir schlechthin nichts sagen können. Ein intensiver, immer weitergehender Streit um die Frage, wer oder was Gott ist und wie „Gott" eigentlich verstanden werden muss, ist der Sache nicht schädlich, sondern deren sachgemäße Konsequenz, denn Gott ist und bleibt eine strittige Angelegenheit.

- Genau dies war für den Kongress entscheidend: Glaube, welcher Art auch immer, lässt sich nicht definieren oder als ein eindeutiges intellektuelles Konstrukt abgrenzen. „Glaube an Gott" ist nämlich ein lebenspraktisches Ganzes, immer nur von verschiedenen Faktoren her analysierbar, immer auch Objekt einer lebenspraktischen Kritik und immer Vorgriff auf etwas, das es noch nicht gibt. Wer einigermaßen konkret über den Glauben von heute sprechen will, muss ihn auf die Gesellschaft von heute, auf andere Sektoren unserer Kultur und schließlich auf nicht-christliche Religionen beziehen. Wir haben es inzwischen nicht nur mit einer säkularisierten, sondern auch mit einer multikulturellen Gesellschaft zu tun.

- Gewiss ist es deshalb gut, die Frage des Glaubens an Gott approximativ, d.h. von verschiedenen Aspekten her, in gewissem Sinn sogar enzyklopädisch zu verhandeln. Es muss dabei nur klar bleiben: Auf der Ebene der Reflexion können wir keine endgültigen Antworten finden, sondern nur Fragmente präsentieren. Diese Fragmente beweisen nichts gegen Gott, sondern zeugen von der Begrenztheit der menschlichen Vernunft. Sie muss sich in jedem Fall auf den hermeneutischen Umweg derer machen, die sich in Stücken ihrer Umwelt annähern müssen, wenn sie über sich selbst Klarheit gewinnen wollen. Gott kann also nur verstehen, wer diese Welt und die andern versteht. In gewissem Sinn entspricht diese Sicht der Annäherung, die sich an der theologischen Fakultät faktisch herausgebildet hat.

So haben wir unsere Referenten gebeten, uns Überlegungen von verschiedenen Aspekten her vorzulegen. Dabei geht es zunächst um allgemein soziologische Aspekte, also um einige soziologisch fassbare Formen, in denen sich Glaube heute darstellt. Zu welch vielfältigen und kreativen Analysen diese Fragestellung führen kann, zeigte uns der amerikanische Theologe aus Chicago, *Robert Schreiter*, ausgewiesen als Kenner neuer und globaler Entwicklungen des Glaubens in einer Welt, die sich immer mehr globalisiert. Mit seinen fünf zeitgenössischen Glaubensformen *anno 1998* führt er uns in eine Vielfalt von Glaubensgestalten ein, die in unserer Welt gewachsen sind und weiter wachsen werden.

VORWORT

Es geht ferner um den Aspekt der Säkularisierung. Zur Sprache kommt der Aspekt einer wachsenden Differenzierung und Unübersichtlichkeit, der – zumal in hochindustrialisierten Ländern - unsere Gesellschaften insgesamt sowie unsere Religionen im einzelnen bestimmt. Der Nimwegener Pastoraltheologe *Johannes A. van der Ven*, Vorkämpfer der „Empirischen Theologie" und langjähriger Beobachter religiöser Prozesse in den westlichen Kulturen, zeigt die Grenzen der Säkularisierungsprozesse auf, die sich in den vergangenen Jahren zeigten. Lange Zeit galten sie als universal und als unumkehrbar. Im günstigsten Fall, so die Prognosen, konnten sie für einige Zeit zum Stillstand kommen. Inzwischen haben sich die Säkularisierungsprozesse nicht nur als ein Phänomen erwiesen, das sich weitgehend auf Europa beschränkt, sondern auch als eine Entwicklung, die vielfältige andere, z.T. gegenläufige Entwicklungen ausgelöst hat. Van der Ven spricht von der veränderten Wiederkehr Gottes in vielen Gestalten, die wir – aus einer traditionellen theologischen Sicht beurteilt – als pantheistisch oder als polytheistisch umschreiben könnten. Dass diese These die klassische Theologie herausfordert, bedarf keiner weiteren Begründung.

Der Aspekt der wachsenden Multireligiosität zwingt uns schließlich, genauer über das Verhältnis und die Begegnung der Religionen untereinander und mit der Gesellschaft insgesamt nachzudenken. In diese Problemwelt eingeführt hat uns der Systematische Theologe *Anton Houtepen*, führender Ökumeniker der Niederlande, Kenner weltweiter Entwicklungen auf diesem Gebiet und Autor eines der wichtigsten Bücher zur Gottesfrage, die in den Niederlanden in den vergangenen Jahren geschrieben worden sind. Theologie steht für Houtepen nicht nur im Dienst der Kirche, sondern auch der Kultur, denn die Frage nach Gott ist immer schon intensiv in Prozesse der Inkulturation eingebunden, sodass wir ein Doppeltes berücksichtigen sollten: Zum einen entwickeln Religionen und Weltanschauungen heute auch eine innere Multikulturalität; sie können also in verschiedenen Gestalten auftreten, ohne dadurch ihre Einheit aufzugeben. Zum andern wird der aktuelle Glaubensverlust auch durch einen Inkulturationsmangel verursacht. Multikulturalität erscheint so nicht nur als Problem, sondern auch als Chance.

Judentum und Islam sind für Christen in den Mittelpunkt vieler interreligiöser Gespräche gerückt. Das hat seine historischen, inhaltlichen, aber auch gesellschafts- und kulturpolitischen Gründe, denn ein modernes Europa ist weder denkbar noch lebensfähig, wenn diese drei Religionen ihr Verhältnis zueinander nicht verarbeitet und geklärt haben. „Abrahams Kinder" nennt die Angehörigen dieser drei Religionen der Tübinger Theologe *Karl-Josef Kuschel*, neben seinen Publikationen zum Verhältnis von Theologie und Literatur ein ausgewiesener Kenner und Mitgestalter des Trialogs zwischen diesen drei weltreligiösenTraditionen. Er legt nicht nur das biblische Wurzelgeflecht zwischen ihnen bloß, sondern entwickelt auch Ansätze zu einer Theologie des anderen in diesen Traditionen; alle drei Religionen können, recht verstanden,

VORWORT

zu Friedensstiftern und deshalb – zusammen mit anderen Religionen – zu Garanten der Menschheitszukunft werden.

Schließlich musste der Versuch unternommen werden, zu einer Gesamtschau und systematischen Integration der verschiedensten, auf dem Kongress besprochenen Aspekte zu kommen. Dass wir dafür eine der prominentesten katholischen Theologinnen, zugleich eine führende Theoretikerin feministischer Theologie gewinnen konnten, hat sich als Glücksfall erwiesen. *Elisabeth Schüssler-Fiorenza* (Harward-University) griff den zentralen Punkt theologischen und glaubenden Redens überhaupt auf, die Unmöglichkeit nämlich, „G*tt" mit einem geeigneten Name zu benennen. Ihre Analysen zur Rhetorik der Rede von Gott können als paradigmatisch gelten für alles theologische Reden von Gott, das sich der unterdrückenden Strukturen von Gesellschaft, Kulturen und Religionen bewusst ist und diese zu einer Rede ummünzen will, die wirklich befreiend ist.

Der Kongress, der hier dokumentiert wird, fand im November 1998 statt. Inzwischen sind beinahe 5 Jahre vergangen. Die lange Verzögerung der Herausgabe hat verschiedene Gründe; so möchte ich bei Autorin und Autoren um Verständnis für die außerordentlich lange Zeit bitten, die wir sie warten ließen. Zugleich fand ich es angemessen, mit einem letzten Beitrag die lange Wartezeit zu überbrücken und die Frage zu stellen, wie sich die damals analysierte Situation heute, Anno 2003, darstellt.

Meinem Kollegen Michael Scherer-Rath möchte ich für seine vielfältige Hilfe zu Vorbereitung und Durchführung von Kongress und Publikation von Herzen danken.

Nijmegen, im August 2003
Herman Häring

ROBERT J. SCHREITER

FAITH ANNO 1998

I. Modernity and Secularization

The sociologist of religion Peter Berger wrote in a recent article that he had made one great mistake in his work over the years. "The big mistake," he writes, "which I shared with almost everyone who worked in this area in the 1950s and '60s, was to believe that modernity necessarily leads to a decline in religion."[1] He goes on to say: "Modernity, as has become increasingly clear, is not necessary linked to secularization. It is so in a few areas of the world, notably in Western Europe, and in some internationally visible groups, notably the humanistically educated intelligentsia. Most of the world today is as religious as it ever was and, in a good many locales, more religious than ever." Having said that, however, Berger declines to go into why this is the case, namely, that modernization or modernity is not leading inexorably to secularization, or why this seems to be the case in Western Europe. Being as we are, here in Western Europe, and at a conference dedicated to the meaning of God in a secular and multicultural society, it behooves us to explore the situation that faith or belief is in, *anno* 1998.

Berger is right, I believe, in making this assertion. We are now seeing more clearly that secularization does not follow immediately upon modernization. The Syrian Islamologist Bassam Tibi, when looking at the situation in the Muslim world today, makes a distinction between what he calls "institutional modernity" and "cultural modernity." Institutional modernity (borrowing here from Anthony Giddens) involves accepting the premises of science and technology as well as its instrumental achievements. He finds this widespread in the fifty-two countries of the world where Islam forms the religious majority. But in those same instances, cultural modernity is rejected. By cultural modernity (following Jürgen Habermas), he means "'the principle of subjectivity,' according to which a person is defined as an individual of free will, capable of determining his/her own destiny, and changing the social and natural environment."[2] Cultural modernity is largely is set aside, frequently for the sake of fundamentalist belief, as V.S. Naipaul so deftly described in contemporary Indonesia,

---

[1] Peter L. Berger, "Protestantism and the quest for certainty", *The Christian Century* (August 26-September 2, 1998), 782.
[2] Bassam Tibi, *The Challenge of Fundamentalism: Political Islam and the New World Disorder*, Berkeley: University of California Press, 1998, 24.

where successful engineers and scientist engage in the latest technology, but frame their lives in a fundamentalist Islam.[3] Indeed, through much of the Maghreb today (an area not explored by Naipaul), one finds fundamentalism not so much among the very poor, but among those with university educations in the natural sciences and in engineering. The fact that this population is young (and frequently unemployed) accounts to a large extent for the vigor of the resurgence of contemporary Islam.[4]

One sees this same decoupling of aspects of modernity from secularization in Buddhist societies as well. Susumu Shimazono, perhaps the foremost student of what are being called the "new" New Religions in Japan, as shown how Japanese response to modernization has not been secularization but rather the formation of new sects of Buddhism. The first wave of these occurred in the wake of the modernization of Japanese society before and after World War II. More recently there has been a new wave, that deal with the pressures that cultural modernity seems to bring.[5] I have observed similar moves in the Theravada Buddhism of Thailand. The prevalence of both fundamentalism in some Muslim societies and the formation of new religious movements in Buddhist societies has gone a long way to suggest that modernity is not received in the same way everywhere in the world.

One need not look as far away as Asia or Africa, however. Amid the increased secularization of much of Western Europe, one can find evidence of considerable religious vitality, albeit not of the church-related institutional kind. Fully a quarter of northern Europeans profess a belief in reincarnation. The medieval pilgrimage road to Santiago de Campostela is crowded every summer with seekers of a variety of types. And here and there even institutional Christianity shows some vigor. The San Egidio community in Rome, or Taizé in France, or the Thomas Community in Helsinki are a few examples. There seems to be even in secular Europe, amid what Berger calls the "virtuosi of pluralism" more religious vitality than might be expected, and surely more than was predicted.

Berger does not go into the reason for the vitality of faith in the world today but goes on to describe what he is seeing, at least in the North American context. The purpose of this paper, however, is to explore why faith is showing the vitality that it is in the world today--why, in Berger's words, "most of the world is as religious as it

---

[3] V.S. Naipaul, *Buiten geloof. Islamitische reizen onder de bekeerde volken*, Amsterdam: Atlas, 1997.
[4] See Dale F. Eickenman, "Trans-state Islam and Security", in Susanne Hoeber Rudolph and James Piscatori (eds.), *Transnational Religion and Fading States*, Boulder: Westview Press, 1997, 27-46.
[5] Mark Mullins and Susumu Shimazono (eds.) *Religion and Society in Modern Japan*, Berkeley: Asian Humanities Press, 1993.

ever was and, in a good many locales, more religious than ever." We seem to be in a different place vis-à-vis belief than we were just a decade ago, and certainly a considerable distance from the secularization discussions of a decade ago. What is going on?

Needless to say, this theme--faith today--cannot be examined in its totality. What I propose here is in three parts. To begin, I want to examine some aspects of the phenomenon of globalization and how this is reshaping the terrain on which belief finds itself. Then I will look at five forms of belief we find in the world today. A final, concluding section will make some suggestions about what the Christian offer means amid such a terrain today.

II. Cultural and Social Globalization

In the last few years the term "globalization" has become widely used to describe a range of phenomena that seem to characterize the world-wide situation today. Under its umbrella economic, political, social, and cultural phenomena are gathered, and a wide variety of researchers have tried to explore the relationships between these different spheres. Alongside this type of analysis, there is a concurrent (and sometimes interlinking) discussion of the modern and the postmodern. In both instances there is not a lot of agreement on how these terms should be defined. But nearly all would agree that some changes have been taking place that have undermined whatever certainties modernity at its height presented to us.

I would like to frame this discussion of faith within the current discussion on globalization, by restricting the discussion here to cultural and social aspects of globalization. The economic aspects of globalization, with the sweep of neo-liberal capitalism across the globe to the detriment of many local economies; and the debate about political globalization regarding the future of the nation-state and forms of regional or global government cannot be taken up here, although they have clear and decided effects on social and cultural globalization. Attention can only be given to some of the social and cultural dimensions here.

I would define globalization as the simultaneous experience of the expansion and the compression of time and space in a process of modernization. What I have to say here draws largely on Anglo-American reflection on this simultaneous expansion and compression, and the privileging of space over time.[6]

---

[6] See for example, David Harvey, *The Condition of Postmodernity*, Oxford: Basil Blackwell, 1989; Roland Robertson, *Globalization: Social Theory and Global Culture*, London: Sage Publica-

The experience of the expansion of space and time has been achieved mainly through the developments in communications technologies in the last third of the twentieth century. Satellites first made telecommunication rapid and relatively cheap. The computer revolution that has led to the widespread use of personal computers, at least among the wealthy of the world, set the stage for the creation of a new kind of space, namely, cyberspace on the Internet and the World Wide Web. These networks now allow cultural signifiers and cultural products to flow around the world at a pace and a speed that was unknown just a few short decades ago. Many of these cultural products (largely items of entertainment and consumption) have their origins in the United States but are received in a different ways depending upon the locale. Thus, McDonald's is considered up-scale dining in many countries, where a Big Mac costs a substantial portion of a month's salary (as it does at the world's largest McDonald's restaurant, in Beijing). But the point is that this experience of rapid circulation of these cultural signifiers creates the experience of a *homogenization* of the world, as everywhere watches American movies and television programs, and listens to the same kind of music. Even the francophone music videos produced in West Africa follow the same format as their anglophone counterparts from the Northern hemisphere.

Homogenization is not the only consequence of this expanding of communications technologies. This expansion also brings a widening of horizons to create new options, and therefore a *greater pluralism* in cultures that may not have so experienced the world previously. The attraction of much of what is circulated, especially upon the young, is to create a kind of cosmpolitanism in which people from poor countries try to participate in the glitter that is presented them. Pluralism, however, is about more than additional options. By the sheer presentation of options, pluralism undermines the certainty that values often carry in a culture. It becomes possible to imagine an alternative.

A third aspect of the expansion that globalization has brought on has been the *migration of peoples*. Both the relatively cheap transportation costs and the quest for a better life have made migration a choice for many people, and the increase of internal warfare within countries has forced migration on still others. What this migration means

---

tions, 1992; Scott Lash and John Urry, *Economies of Signs and Space*, London: Sage Publications, 1994; Mike Featherstone, Scott Lash and Roland Robertson (eds.), *Global Modernities*, London: Sage Publications, 1995. I have presented this in greater detail in Robert Schreiter, *The New Catholicity: Theology between the Global and the Local*, Maryknoll: Orbis Books, 1997. For a German perspective, see Ulrich Menzel, *Globalisierung versus Fragmentisierung*, Frankfurt: Suhrkamp, 1998.

is the rise of *multicultural* societies where monocultural societies existed heretofore. A look at the composition of national football teams in Europe during the recent finals of the World Cup shows how much Europe has been changed by such migration. Paris is now the second largest Portuguese city, and the second largest Greek, Polish, and Cambodians cities are all in the United States. Today, a third of the population of the city of Frankfurt do not hold German passports.

Multicultural cities reinforce the experience of pluralism, both for long-time inhabitants and for recent arrivals. This can also lead to an experience of dislocation and blurring of identities, especially for recent arrivals.[7]

It is this blurring of identities that is most evident in the other dimension of globalization, namely, the compression of time and space. The computer chip is the ultimate icon of this experience of compression. The fact that events are now experienced as simultaneous around the world thanks to CNN, Star Television, and the like makes identity formation more complex than once was the case.[8] If homogenization and a possible cosmopolitanism is the result of the experience of globalization as expansion, then *fragmentation* and *an intense sense of the local* is the result of the experience of compression. Much of the identity politics and ethnification of peoples and locales is a result of the incursion of the global into the local. In the experience of this intrusion, an intense sense of the local is seen as an act of resistance and protest. The global is seen as undermining values, blurring boundaries between ourselves and "the other" (whoever the other might be). Thus xenophobic political movements and incidents of violence against foreigners in different parts of Europe are examples of this experience of compression.

This, then, is the arena in which we must look at faith today, in this intersection of the experience of expansion and compression, of the global and the local. Before going further, I want to give a general, working definition of what will be understood here by the term "faith." For these purposes, faith may be defined as the adherence or commitment to persons, values, and things which we cannot decisively know or prove. It is understood, therefore, to embrace more than Christian faith; indeed, it tries portray the act of faith or of believing itself.

---

[7] On this see especially Homi Bhabha, *The Location of Culture*, New York: Routledge, 1995.
[8] For an account of the experience of the death of Diana, Princess of Wales, on the populations of Asia, see Kathryn Poethig, "The Calculus of Global Culture", *Theological Education* (Spring, 1999), forthcoming.

So what happens when the global and the local intersect to create what Roland Robertson as termed the "glocal"?[9] It seems to me that this intersection, in matters of faith, focuses attention largely on the local. And it is here that we can see the changes in faith from what might be called high modernity in the West. Three things come into view.

First of all, large, overarching themes lose their relevance as interest focuses upon the local. Students of postmodernism have already noted the collapse of the *grands recits* or grand narratives. Part of this is caused by the dismantling of intermediate institutions in society by the communications media. We no longer need the newspaper or the commentator to tell us what is happening; we can increasingly view it for ourselves and render our own interpretations and judgments. The kind of access that the Internet provides to documents and reports reduces the need for some mediation through some other means. This allows people also to seek satisfaction in the immediate local because whatever they want is brought to them. Thus people are less engaged in many instance by the political process or with voluntary associations in society. This means that the questions that high modernity would have asked about belief, in their most general and abstract form (e.g., is belief in God even possible?) get translated into intensely personal and local affairs. We will see this to be the case especially in what I will call post-materialist and postmodern forms of belief.

Second, much of the struggle in belief at the local level turns to issues of identity, continuity, and community. These are at once issues of the local, and issues where belief itself is shaped. What we believe is an integral part of our self-understanding or identity. Identity in turn is shaped by continuities about ourselves over time and about how we configure that identity over against others--in other words, who is included within our boundaries and who falls without. While our identity may be shaped by larger, global realities, we experience ourselves often in an intensely local way.

In his study of some forty-three societies, Ronald Ingelhart has developed a hypothesis about people who live in what he calls a post-survival, post-materialist situation.[10] These are people who no longer live simply at the subsistence level, and have the material freedom to explore other possibilities. Inglehart posits that there are three characteristics of the beliefs and attitudes of such people, found principally in wealthy societies. They are: a personal quest for meaning, a distrust of institutions,

---

[9] Roland Robertson, "Glocalization: Time-Space and Homogeneity-Heterogeneity", in Featherstone et al. (eds.), *Global Modernities*, op. cit., 25-44.

[10] Ronald Inglehart, *Modernization and Postmodernization: Cultural, Economic, and Political Change in 43 Societies*, Princeton: Princeton University Press, 1997.

and a concern for the physical environment or ecology. I note Inglehart's work here (controversial as some parts of his methodology might be) to note that these three characteristics find a home in a special way in many so-called postmodern people, a theme to which I will return in the next section. But let it be noted here that the quest for meaning and the distrust of institutions both focus very much on the local rather than the broader situation, and the quest for meaning separated from institutions characterizes a lot of the religiosity we encounter in western Europe today. The *bricolage* of meaning so frequently found in both young and early middle-aged people seems to be what Ingelhart is bumping into here. The ecological dimension presents another intriguing area. For some people it is a form of quasi-religious transcendence. Sometimes it is intensely local, given to protecting a given species or piece of territory, even when solutions have to be translocal. The entry of the Greens into the German Cabinet after the 1998 elections have shown, at least from one point of view, how widespread this conviction about ecology has become.[11]

The struggle for identity, continuity, and community at the level of the local is one of the common characteristics in the varieties of the faith today, as we shall see in the next section. Reflection upon this highlights the third thing evident about the terrain of faith in a globalized world, namely, that the experience of the intersection of the global and the local, of expansion and compression, affects *how* we believe. Indeed, to understand what belief means today, it seems more important to focus upon *how* we believe more than on *what* we believe. As Berger puts it in his essay, the opposite of belief today is not unbelief, but information or knowledge. In saying this, Berger too focus on the *fides qua*, if you will, more than the *fides quae*. I would contend that, to understand belief today, this is precisely the tack we have to take. Focusing on the variety of things people believe--or do not believe--in will do little to help us understand belief as it is being shaped in our world today. Focusing on what people believe is likely to lead us once again down the modernist road of seeing at least some kinds of belief as either a psychic defect or loss of nerve, on the one hand, or as an epiphenomenal projection of the social order, on the other. Focusing on the "how" of belief permits us to see commonalties in the fashioning of belief today, and thereby what are the prospects for belief in God in the kind of society in which we find ourselves.

---

[11] For an exploration of the complexity of the current ecological movements, see David Harvey, "What is Green and Makes the Environment Go Round?" in Frederic Jameson and Masao Miyoshi (eds.), *The Cultures of Globalization*, Durham: Duke University Press, 1998, 327-355.

III. Five Forms of Belief anno 1998

And it is to those forms of belief that I now turn. Again, these are forms of belief that do not rely on large, overarching themes; that struggle to find in belief identity, continuity, and community; that share commonalties in how people believe rather than in what they believe.

The five forms of belief that I would like to present here focus upon five groups of believers. These five by no means include all the forms of belief that could be found in western European societies or postindustrial societies today. There are indeed other forms that are not discussed here, but I hope will be addressed in the other presentations to be made at this conference, focusing on secular, multicultural, and feminist dimensions of belief in God. The five I have chosen here take on specific contour in a globalized society, and it is for that reason that I wish to address earch of them here. They are: (1) the faith of the poor; (2) the faith of the immigrant; (3) the faith of the post-material; (4) the faith of the fundamentalist; and (5) the faith of the dedicated agnostic. I will try to relate each to the conditions just described that obtain in an era of globalization.

1. The Faith of the Poor

The fastest growing form of Christianity today is Pentecostalism. It is growing most rapidly among the poor and dispossessed of Africa and Latin America, but also has found a foothold in places like South Korea and the People's Republic of China.[12] Pentecostal Christianity, with the belief that the Holy Spirit speaks directly through individuals and not only through Church elite, had its modern origins in the Asuza Street revival in Los Angeles, California in 1906. If it continues to grow at the rate it now has, it will be larger than Orthodoxy and Protestantism combined early in the twenty-first century.

Pentecostalism is a deeply personal form of faith, appealing especially to those who have reasons to mistrust institutions. It prevails in its classic form among the poor - those who feel the effects of globalization but do not realize any of its benefits. In fact, their poverty is often made worse by economic globalization as local economies are disrupted and incorporated into the global market. Pentecostal faith plays itself

---

[12] For studies of Pentecostalism see Karla Poewe (ed.), *Charismatic Christianity as a Global Culture*, Charlotte: University of South Carolina Press, 1994; Harvey Cox, *Fire from Heaven: The Rise of Pentecostal Spirituality and the Reshaping of Religion in the Twenty-First Century*, Reading: Addison-Wesley, 1995. For an older study, see Ian Lewis, *Ecstatic Religion*, Harmondsworth: Penguin, 1971.

out in small, intense, face-to-face communities where people who are nobodies in the larger society become special through baptism in the Holy Spirit, speaking in tongue, and as bearers of secret knowledge (the Lord is coming soon). It has a more middle class counterpart in the Charismatic Renewal found in Roman Catholic, liberal Protestant, and even Orthodox communities. While begun at a time when personal devotionalism was in decline in Roman Catholicism after the Second Vatican Council, I would wager that those joining it today represent that quest for immediate, personal faith apart from the mediation provided by larger institutions.

Pentecostal faith among the poor of the southern hemisphere may indeed represent entry of the poor into an industrializing working class, with its emphasis on self-discipline, responsibility for the family, and regular (rather than seasonal) work habits, as did Methodism and Baptist chapels in late eighteenth century Britain.[13] But it also represents that quest for identity (the elect of the Holy Spirit), a continuity (the continuing presence of the Holy Spirit), and community. In its current popularity and form, it is hard to imagine why it has taken such hold among so many peoples apart from the pressures of globalization.

2. Faith of the Immigrant

As has already been mentioned, peoples are in migration today, either to escape poverty by moving from the countryside to the city, or from poor countries to industrialized centers; or to escape the ravages of war. The immigrant, either voluntary or as refugee, is immediately faced with issues of identity caused by entry into a new culture and, frequently, a new language. Does the previous identity still obtain? How much of it can be retained? What should be passed on to the next generation as they grow to adulthood?

One item that runs like a red thread through immigrant identity is religion. Frequently immigrants become more religiously observant in their new setting than they were in their old, simply because religion forms a continuity with their previous situation. Coming together in worship becomes also a social event for maintaining cultural identity, for young people to meet potential mates from within the group. The religion practiced in such immigrant settings is often what might be termed *traditionalist* (rather than fundamentalist) in that efforts to change it will be resisted, and elements that allow the group to stand apart from the groups around them will be emphasized. In studies of immigrant religion, both Christian and other varieties,

---

[13] See the comparison made by Bernice Martin, among others, in "From pre- to postmodernity in Latin America: The case of Pentecostalism", in Paul Heelas (ed.), *Religion, Modernity, and Postmodernity*, Oxford: Basil Blackwell, 1998, 102-146.

in the United States, bears these kinds of conclusions out. Forms will be held onto even as the religion continues to change in the country of origin. One seeks identity, continuity, and community in adhering to this particular form of faith, even as it undergoes inevitable change in the new land.[14] Faith for such immigrants will play a larger role in their identity than would have been the case in their country of origin.

3. Faith of the Post-Materialist

The idea of the post-material culture, as proposed by Ingelhart, was already introduced above. It was noted there that a quest for personal meaning, a distrust of institutions, and concern for ecology are characteristic of those whose material existence is largely secured, and who seek now a cultivation of their identity. The kind of faith much in evidence in post-industrial societies such as those of western Europe is of this kind. Faith is not so much about adherence to specific traditions (in other words, what to believe), as it is a construction of the self by choosing elements of disembedded traditions and creating, as it were, one's own tradition. There is a veritable *bricolage* of items that are fashioned together into a new identity. One sees evidence of this on the right as well as on the left, from neo-traditionalist movements within Catholicism to New Age religiosity across the cultural panorama. Again, one needs to attend to *how* people believe rather than *what* people believe. Challenging the belief may be going at a question the wrong way. Take, for example, the widespread belief in western Europe and in North America in reincarnation, a belief not part of the Christian heritage of those two continents. To try to challenge such belief with the Christian doctrine of the resurrection or with Christian theological anthropology misses the point. Locating an important personage in one's past is a way of burnishing an unimportant present. Were traditional reincarnation as understood in Hinduism or Buddhism at play, every European or North American now believing in reincarnation would be concerned about spiralling downward, now that they are less important in this life than they were in a previous one! But such is not the case. Reincarnation as a belief provides both identity and continuity in the self-constructed personality.

One should note also that the experience of postmaterial reality is hardly seamless and unproblematic. Protest, resistance, and reconstruction as forms of belief all play a role in the disruptions that the compression of reality plays in contemporary societies. Feminism, the concern for human rights, and concern for the environment all figure into many people's construction of their faith, and they find community among those who share those concerns. Inequality, injustice, and ecological damage

---

[14] I owe insights in this area to R. Stephen Warner, who is completing a massive study of immigrant congregations in the United States.

all point to the failures of economic globalism to live up to their promises of equality, inclusion, and a better life for all. Ecology plays a special role in providing a sense of transcendence that one can at once feel and see, yet reaches beyond the immediate.

4. The Faith of the Fundamentalist

Fundamentalism is much discussed these days, and definitions of it abound. Generally, fundamentalism will be little understood if the focus is on what is believed rather than what it tries to achieve. The term was first coined of movements in British and American Protestantism at the turn of the twentieth century, but is used now of movements of resistance to modernity in Islam, Judaism, Hinduism, and Buddhism.[15]

The resistance to modernity remains the most common and basic characteristic of this form of faith. Fundamentalism, in my definition, is a very selective choice of items from a tradition that are most counter to modernity as it is experienced, which are then set up as identity markers for who is in and who is out, who is faithful and who is apostate. The five fundamentals of Protestant fundamentalism, for example, did not embrace such things as the Trinity; Islamic fundamentalism does not rely on the five pillars of Islam. Rather, things are chosen that are most affrontive to cultural modernity, as it was defined above. Fundamentalist faith, then, is about identity markers that pretend to give continuity with a more faithful past by creating communities with clear boundaries. It is not about the content of the beliefs, which is why arguing with fundamentalist is of no avail. It is precisely modernity, especially cultural modernity with its emphasis on the sovereignty of the individual and the individual's choice, that gives fundamentalism its vigor. As was noted above, fundamentalism is often the strongest not among the very poor, but among those who are both entering modernity and being rebuffed by it (through lack of employment), and by those who feel especially the pressure of blurring identities in the compression that globalization enacts.

5. The Faith of the Dedicated Agnostic

Given what has been said thus far about how people believe rather than what they believe, one can open in a new way the discussion of what an agnostic believes. As Berger points out, agnosticism has to be a choice, since if God made belief manda-

---

[15] The best single work on fundamentalism remains Bruce Lawrence, *Defenders of God*, Durham: Duke University Press, 1989.

tory for us, why did God make believing so difficult? He speaks here of the dedicated agnostic as one who takes the process of believing seriously, as one who knows that no amount of information or even of knowledge can provide certitude. Ultimately, we are thrown back on belief as a nonfoundational part of our reality.

What this raises, besides the fact that we all finally believe in something, no matter how trivial it may seem to others, is the importance of belief as identity, continuity, and membership in a community. Francis Fukuyama, most famous for proclaiming the "end of history" in a 1992 book, has been working since then on the concept of trust as a necessity for social cohesion. Societies need measures of trust in order to survive and flourish.[16]

What Fukuyama is discovering about trust (as are communitarian philosophers) is something Erik Erikson pointed to more than fifty years ago; namely, the role of trust in the construction of human identity. Perhaps what is being said here can be taken back to that point: faith *anno* 1998, under the pressure of the expansion and compression of globalizing forces in our societies is about how to survive and to flourish in such a world where identity, continuity, and community come under special challenges.

6. Postscript: Does it Matter What We Believe?

So does it matter what we believe, as long as we believe in some fashion? I have sketched here briefly five ways in which people are believing at this point in time, and would of course be the first to say that they are not equal. The point has been to see how faith is taking shape in our world today given the environments in which it must find itself and challenges to which it must respond. The *consequences* of our believing need to be scrutinized and judged. Thus the violence that most forms of fundamentalism do to women cannot be exonerated by explaining the pressures that have created them. Admittedly, if we take truth seriously and at the same time take pluralism--at least some measure of pluralism--seriously, ways of adjudicating the truth will have to be found. The point of this presentation on faith in 1998 is that we cannot begin with the truth question of the question of what we believe. We must begin with what conditions belief must work with, why these are different from not too long ago, and what forms we end up with. We may not begin with adjudicating truth claims, but we must surely end with them.

---

[16] Francis Fukuyama, *Trust*, New York: Free Press, 1995.

Conclusion: The Christian Offer anno 1998

I want to conclude with just three observations about what Christianity has to offer in these circumstances of faith today. They are no more than observations or proposals; time does not allow pursuing
them in more detail.

The first is that a Christianity not wholly accommodated to the culture I have been describing has something to say. Its *ungleichzeitiges* character, with its ruptures, its indeterminacies, and its incomplete stories creates a critical space where the present era of globalization can indeed be critiqued and not accepted as inevitable. The cross, the death of Jesus, and what these say about human power; the resurrection and the prospect of reconciliation as overcoming incredible difficulties need to be explored for their critical potential. The radical trust that Christian faith requires has something to teach us about the kind of trust we seek in 1998.

Second, we need to retrieve a sense of catholicity that embraces not only extension in space and the fullness of the Christian message, but takes into account how difficult communication and understanding are in a globalized world.[17] A view, in other words, of the whole to balance and challenge the emphasis on the local, or the glocal, as it has been presented here. All problems, and all politics, are not local, after all.

Third and finally, as Roman Catholics we need to retrieve the Vatican II image of the People of God, so summarily thrust aside by the new *communio* ecclesiology and ideology. The tentativeness, the egalitarian character of the pilgrimage, and the sense of walking together poses more possibility for living in the world I have been describing than imposing the false intimacy of the *communio*.[18]

In this way, it seems to me we can meet the quest for faith in our time, and examine more carefully how belief in God takes shape in a secular and in a multicultural society.

---

[17] I develop this especially in chapter 7 of Schreiter, op. cit.
[18] I owe the idea of communio as creating a false intimacy where there is no space for critique to Prof. Edmund Arens of Luzern.

JOHANNES A. VAN DER VEN

IS GOD RETURNING?

The novel by the Dutch author Geert Mak, entitled 'Hoe God verdween uit Jorwerd, Een Nederlands dorp in de twintigste eeuw' (in translation: "How God Disappeared from Jorwerd, A Dutch Village in the 2oth Century"), describes the way in which the ongoing processes of secularization and rationalization are changing this rural village from a deeply religious area into a secularized, non-religious one[1]. So Geert Mak writes: "The older churchgoers have been passed away, others have moved elsewhere and most of the newcomers didn't have any affinity with the house of God anymore. In Jorwerd, on an average Sunday in the nineties, no more than forty people listened to the sermon (...) 'Nowadays we all are small churches within an large area of a non-churchgoing population', he said" (p. 111). But, it is striking that this novel, of which the first printing was published in October 1996, has already reached almost its 15th printing within about two years. What is happening in the Netherlands, one of the top three secularized countries in the western world, that makes this novel a success? Are we participating in the funeral of God, a funeral that is taking place after Hegel described today's experience in terms of the death of God and Nietzsche loudly declared God dead?

Or do the Dutch feel some unrest, because they are puzzled by the question and perhaps unconsciously aware of the fact that they are burying a being, that is still alive, a supreme being that still works in their minds? Are they burying the living God?

The Italian philosopher Gianni Vattimo would interpret this virtual unrest as a sign of the religious transformation presently taking place. When he was isolated on Capri for a couple of days in 1994 with Derrida, Gadamer and others, he presented a paper in which he stated that today we are experiencing the return of religion. He proposed that God's disappearance refers to a certain conception of God, i.e., the ontotheological conception, and that the collapse of the great metaphysical systems makes room for God again, or the return of God. He sees the historicity, fragility, fragmentedness and contingency of human existence, which are given so much attention to in late modernity and post modernity, as being the correlates of the great religious symbol of creation. He also sees the alterity of the other, which plays such

---

[1] Geert Mak, *Hoe God verdween uit Jorwerd, Een Nederlands dorp in de twintigste eeuw*, Amsterdam/Antwerpen 1996.

an important role in today's mind-set and thought, as being the infrastructure of the experience of God as The Other. He believes that God returns in a transformative way (Vattimo 1997; cf. 1998, 7-16).[2]

This is exactly the question I would like to deal with in this paper: does God totally disappear or do we experience God's return in a transformative way? In the first part of this paper, I will focus on the question whether and to what extent secularization is an ongoing linear process of decline, that might go on and on, perhaps until point zero. I will ask the question whether this process is a linear and irreversible one or a curvilinear one, which would mean that the religious decline is or might be followed by a perhaps as yet unrecognized and cautious rise, albeit in a transformative way. In the second part, from the empirical research my department of empirical theology conducted the last ten years, I will present four hypothetical characteristics of the God image, at least if and insofar we can speak of God's transformative return.[3] I will add to this some theological questions for further reflection, and conclude my paper by formulating a conjecture and refutation.

I. Secularization as an ongoing linear process of decline?

While the precise definition and scope of the term secularization is debatable, it clearly stands for a deep-reaching process that is under way throughout the Western world and in the countries and continents that have been directly or indirectly influenced by it. The term relates to the waning of the influence of religion on the macro level of society, the reduction in the size and importance of religious communities and groups at the meso level of societal institutions, and the decline in the relevance of religion at the micro level of the individual person.[4]

---

[2] B. Descouleurs, "Culture laïque et recherche de Dieu", in: *Dieu est-il laïque?*, 167-200, mentions people recently speaking of God's return (169) and even 'la revanche de Dieu' (171).

[3] Émile Poulat, *L'ère postchrétienne: un monde de sorti de Dieu*, Paris 1994, 27: "On s'affaire autour de cette évidence insaisissable et contradictoire qui flotte dans l'air du temps: mort de Dieu, retour du religieux".

[4] cf. A. J. Nijk, *Secularisatie: over het gebruik van een woord*, Rotterdam 1968; J. Lauwers, *Secularisatietheorieën: een studie over de toekomstkansen van de godsdienstsociologie*, Leuven 1974; O. Chadwick, *The secularization of the European mind in the nineteenth century*, Combridge 1975; U Ruh, *Säkularisierung als Interpretationskategorie. Zur Bedeutung des christlichen Erbes in der modernen Geistesgeschichte*, Freiburg 1980; B. Wilson, *Religion in sociological perspective*, Oxford 1982; Ph. E. Hammond, *The Sacred in a secular age: toward revision in the scientific study of religion*, Berkeley 1985; H. Lübbe, *Religion nach der Aufklärung*, Graz 1986; G. Dekker, *Godsdienst en samenleving: inleiding tot de studie van de godsdienstsociologie*, Kampen 1987; A.W. J. Houtepen, *Uitzien naar God: perspectieven aan de secularisatie voorbij*, 's Gravenhage 1989; St. Bruce, *Religion and modernization: sociologists and historians debate the secularisation thesis*, Oxford 1992;

IS GOD RETURNING?

There is no denying that religion is no longer the influential force in Western society that it once was. The debate over the term secularization, however, turns on whether there has perhaps been an uncritical assumption that the decline in the influence of religion has been taking place at a linear rate and will continue to do so. Is there not evidence that the decline is slowing or even leveling out? Or that the process of religious change is in fact curvi-linear, in other words that the decline is being, or will be, followed by an as yet unrecognized and cautious rise? And could it be that this rise is being obscured because of the transformation of religion, which would imply that traditional religion is indeed undergoing a process of decline and collapse, but is being replaced by forms of religion that, while unrecognizable from a traditional point of view, at a deeper level represent a transformation of those traditional forms. The question of linearity leads to the question of irreversibility: is the falling trend that is unmistakably evident from empirical studies of all kinds irreversible per se, or are there data that point to change, reversal, or transformation?

Underlying the issue of linearity and irreversibility is the matter of the time interval under consideration. It is useful in this connection to consider the distinction made by the historian Fernand Braudel between structural, cyclical and transient processes. Structural processes are those in which there is an irreversible development characterized by a stable pattern over an endless series of generations, a development over which those generations have no control. Cyclical process are determined by cycles in the life of a society, for example economic and political, but also social and cultural, which are characterized by rising and falling tendencies over periods of ten to at most fifty years. Transient processes are those observed in everyday life and measured against the lives of individual people and their ups and downs. In order to pursue in any meaningful way the debate over whether secularization is a linear or even an irreversible process, it is essential that we first agree on the time period to be used as the basis for discussion. In other words, do we take a time period of, for example, 2000 years, or a time period of 50 years, or a time period of 500 as a unit of time? Only then will it be possible to decide, with the help of historical and empirical re-

---

J.A. van der Ven, *Practical theology: an empirical approach*, Kampen 1993; *Kontextuelle Ekklesiologie*, Düsseldorf 1995; J. Peters, *Invididualisering en secularisaring in Nederland in de jaren tachtig: sociologie als contemporaire geschiedesschrijving*, Nijmegen 1993; ders., *Kerk op de helling: veranderingen in katholiek Nederland en gevolgen voor de pastoral*, Kampen 1993; ders., *Geloven in deze tijd: onderzoek en perspectief*, Ubbergen 1996. The question what the causes of secularization are is a matter of debate. The rationalization process in the sense of Max Weber, which is to be distinguished into its economic, political, social and cultural domain, is to be understood as one of the main causes or perhaps 'the' main cause. Recent empirical evidence regarding the cultural domain, as far as education is concerned, can be found in M. Te Grotenhuis, Peters, Scheepers, Waarom lopen de kerken leeg?, in: *Sociale Wetenschappen* 41(1998) 2, 13-39.

search, whether secularization is a structural, cyclical or transient process. Furthermore, this question needs to be studied separately for each country and for each continent and subcontinent. From international value research we know that religious processes taking place in, for example, Western Europe, are totally different from those in North-America, whereas those taking place in the western world are again totally different from those in Islamic countries (cf. Ester et al. 1993).

Caution is called for, especially since the history of Christianity is often viewed from a 'paradise lost' perspective, as though everything was better in the past and we now find ourselves on the slippery slope to perdition. A few facts, selected more or less at random, may help to correct this view. To begin with, in the first three centuries of its existence the church was nothing other than a minority religion. The sociologist Rodney Stark estimates the Christian population in the year 100 at about 7000 members and in the year 200 at about 200.000 members, which is about 1/100%, respectively 4/10% of the total population of 60 million people[5]. The Edict of Milan in 311 AD brought about a change in the status of Christianity from a 'religio illicita' to a legitimate religion with the same rights as other religions. In 380 it was proclaimed a state religion under Theodosius, and became a pillar of the apparatus of the state. This led to forms of church membership which were no longer based solely on conviction, but also on coercion, calculation and convention. Even so, St. Augustine reports that the inhabitants of the North African city of Hippo in the fourth century were by no means regular churchgoers; he complains that the great mass of people come to church only on the high feast days (Van der Meer 1957, 165). As for the Middle Ages, the church in this period was as little developed as the church in, for example, Zaire is in our own days; it was, to put it bluntly, marginal (Raedts 1990). In the Italy of the early modern period there were many religious processions, yet in 1663 one observer describing such a procession in Genoa remarked: "Many flagellants who took part in the procession appeared to making a kind of game of it. And we were told that they were dockworkers and street folk, hired by rich people to perform the penances imposed on them by the priests" (Burke 1988, 34). The picture of mass religiosity and full churches is also misleading if we go by the account of a certain Pastor Krumacher of Berlin who in 1847 found that just 6% of the population attended church regularly (Bertier de Sauvigny 1965, 203). At the start of the 20th century it was reported that religious indifference was on the rise in the cities as well as in the countryside. In the region of Brie, in France, for example, it was reported that church attendance had declined to 2.4% of the population (Aubert 1974, 162). It is now generally accepted that the image of the Christian Middle Ages was a construction of the second half of the nineteenth and first half of the twentieth cen-

---

[5] R. Stark, *The Rise of Christianity: A Sociologist Reconsiders History*, Princeton 1996, 7, table 1.1.

tury. This image served as an ideal for those who hoped to yet institute a Christian society before the end of the second millennium as a way of counteracting the influence of liberalism and socialism. These modern currents, which had their roots in the motto of the French revolution, "Liberty, Equality, Fraternity", were seen as the source of the religious apathy, agnosticism, pantheism and atheism that were becoming more and more widespread. It was to combat these tendencies that the picture of the 'paradise lost' of the Middle Ages was constructed, in hopes that it would also function as a utopia of a 'paradise regained' (Aubert 1974; Gabriel/Kaufmann 1980; Kaufmann 1989). Secularization can be seen as the failure of the Christianization offensive first launched in the early modern period by Protestant churches as well as the Catholic church (Burke 1987; Arnold 1965) with the goal of "the taming of popular religion as wild religion" (Henau 1991), which can be situated within the general framework of the disciplining of Western society (Elias 1982). According to Turner (1991), secularization is no more and no less than the decline of the religion of the elite, and not of popular religion, which had already long been of a less Christian character.

A handful of facts such as those which I have just recited naturally cannot tell us whether secularization is a structural, a cyclical or a transient process. For that, as I have already noted, thorough historical and empirical research is needed on a country by country and continent by continent basis. Take the Netherlands, for example, a country that in the 1960s was known as one of the most religious in Europe and that at the end of our century — less than 40 years later — has gained a reputation as one of the most secularized countries in the world. Whether secularization in the Netherlands is a structural, cyclical or transient process is not easy to determine. The answer depends on the unit of time taken under consideration. If one takes the 1960s as one's starting point, the insight that presents itself irrefutably to the researcher is that this is not a transient process. Among the Dutch population, belief in God as a God understood as being concerned with each human being personally fell from 47% to 24% between 1966 and 1996, while belief in a higher power that controls our lives grew from 31% to 39%. At the same time, the percentage of people who agreed with the statement 'I don't know whether God or a higher power exists' also increased, from 16% to 27%. In 1966 63% of the population of the Netherlands were members of a church; in 1996 the percentage had fallen to 43% (Dekker et al. 1997).

However, if one takes as the reference point the 1580s, when the Republic was created as an unintentional result of the revolt against Spanish rule, an entirely different picture emerges. According to the historian Peter van Rooden, since that time the Netherlands have experienced five periods, religiously speaking, which can only be mentioned very briefly here: First, the period of the Republic from 1580 to 1780, the beginning of which was characterized by a broad and profound religious apathy (Israel 1995, 397ff.), but during which the Protestant churches saw their membership grow substantially, albeit gradually, while the Catholic church was partly able to make good its losses; second, the revolutionary period from 1780 to 1815, during which religion was recognized as a private matter only; third, the period of the Protestant fatherland from 1815 to 1879, when the position of the Protestant churches was strengthened; fourth, the period of the pillarized society from 1870 to 1960 during which both the Protestant churches and the Catholic church, separated from one another, flourished; and finally the period from 1960 to the present day which, as noted above, is characterized by a sharp decline in religious participation (cf. De Kok 1964; Van Rooden 1996). While this falling tendency is starkly apparent from empirical research, the conclusion can only be that the present-day secularization in the Netherlands can certainly be understood as a process that has influenced an entire generation, but that it is still too early to be able to speak of a structural process.

By speaking of a cyclical process, one leaves open the possibility, if only theoretical, that the decline of religion will be followed by a recovery. The religion that would manifest itself in such a potential recovery would not necessarily have the same content, form or structure as the religion previously marked by decline. The religion could, in fact, undergo a transformation.

The question that poses itself, of course, is whether this would then be the same religion. From a systems theory point of view it can be hypothesized that the religion will simply fade away and be replaced by something else, something that resembles religion and fulfils an equivalent function but that is not itself religion (Parsons 1965). Should movements and phenomena such as theosophy, anthroposophy, meditation, yoga, astrology, bio-energetics, tarot - which of course cannot all be reduced to one common cultural denominator - be considered as forms or aspects of religion? Certainly for many people they appear to be what could be called functional equivalents of religion, that is, activities that produce effects similar to those of religion, such as inner peace, comfort, connectedness and order.

To determine whether religion is undergoing a transformation, however, defining religion simply as 'functional religion' is not enough; rather, the question must be whether forms of substantive religion are being transformed into, or replaced by, other forms of substantive religion. Whereas the concept of functional religion includes everything that resembles religion and has an effect equivalent to that of religion, the concept of substantive religion is content-based. Thus functional religion may include such activities as climbing the corporate ladder, making money, cocooning, or a passion for football, because all of these represent an 'ultimate concern' for some people and thus impose a certain order on thoughts, feelings and actions (Luckmann 1967). The concept of substantive religion, on the other hand, holds content - specifically, a belief in transcendence in the form of 'that which transcends', whether that be expressed in anthropomorphic or non-anthropomorphic images - to be central. In any case substantive religion posits a commitment to a culturally postulated, not empirically provable reality (Van Beek 1982, 3), a culturally postulated suprahuman being or beings (Lawson/McCauley 1993, 123).

The central question is not concerned with the development of functional equivalents of religion, that from a substantial point of view cannot actually be considered religions at all, such as the 'religion' of football. The central question is concerned with changes in content and structure of those forms of religion which can indeed be considered forms of substantial religion, as measured by the criterion of whether they are based on a 'belief in transcendence'.

This is not to say that it is always possible to make a crystal-clear distinction between that which is substantial religion and that which is not. Can meditation and yoga -in order to repeat the questions I already asked- be considered religion? Are theosophy and anthroposophy religions? Such questions cannot be answered with a simple yes or no. Careful empirical research into the experiential, cognitive, emotional, ritual, ethical and communal aspects of these spiritual movements is needed. An important role is also played by the religious self-definition of the followers of these movements. And also the evaluative question whether the phenomena under consideration are truly religious phenomena should be asked.

Rather than attempting to make a sharp distinction between what is and what is not religion, it can be helpful to make use of the concept of 'family resemblances' that goes back to Wittgenstein and which has been applied to religion by Edwards. Edwards drew up a matrix in which the vertical consists of what he called family traits of religion, and the horizontal consists of what he called members of the family of religion. Family members are, for example, Judaism, Christianity, Islam, Hinduism, Buddhism, Greek polytheism, modern pantheism, the Aristotelian idea of the unmoved mover and so on. To these one could add theosophy, anthroposophy, meditation, yoga or the 'peak experiences' in the humanistic psychology of Maslow (1964). Examples of family traits are belief in a supernatural or a higher being, attributing meaning to human life, belief in life after death, ethics and morality, attributing meaning to evil, use of prayer and ritual, etcetera. The higher a 'family member' scores in a qualitative sense in these 'family traits', the closer to the centre of the family of religions it belongs. The lower a member scores, the more marginal it is considered to be (Edwards 1972; Hick 1989). Occupying a central place on the list of family traits, in my view, should be the belief in transcendence which I have just presented as a criterion of substantive religion. Thus the higher a 'family member' scores qualitatively on 'belief in transcendence', the closer to the core of religion it belongs.

The concept of 'family resemblances' not only offers a means of dealing adequately with the multiplicity of religions and spiritual movements in terms of the substantive definition of religion, but it also offers a possible way of interpreting religious change. It can be used not only as a synchronous instrument in order to understand the differences *between* religions, but also as a diachronous instrument to determine changes *within* religions. In other words, the answer to whether the transformations undergone by religions result in forms which can properly be characterized as religions can only be answered in terms of a continuum, not as a simple yes or no. The place on the continuum depends on how high the forms under consideration score on the list of 'family traits'. And occupying a central place on that continuum of traits is the 'belief in transcendence'.

This brings us back to the central questions raised by the secularization debate: is religion undergoing a linear and irreversible decline, or is the decline cyclical in nature, meaning that there exists at least the possibility of a recovery, a renascence of a transformed religion? Are there phenomena that actually point in this direction? Are they truly religious phenomena? The answer to the last question cannot be given as a simple yes or no. It can only be found with the help of a continuum based on the concept of 'family resemblances'. In other words, the more strongly the phenomena in question are characterized by a belief in transcendence, the more surely they can be characterized as religious phenomena, no matter how different - how transformed - they may appear.

In this paper I am not able to offer a definitive answer to the central questions that secularization raises. There are two reasons for this. First of all, the signs of transformed religion in today's spiritual and religious culture are still very weak indeed. They are taking place on the periphery of the established religious communities and institutions and are not positively received by the latter, let alone cultivated and reinforced. They are often occurring in a certain opposition to the established groups, leading to various forms of religious defense mechanisms on both sides. The second reason why I believe the questions raised by the secularization debate must be treated very cautiously and any claim to an answer, let alone a definitive one, discounted, is based on epistemological considerations. The signs of transformed religion are ambiguous, if only because the meaning attributed to these signs is often a result of the mixing of perceptions and wishes. We want religion not to die and therefore we are more inclined to find signs of religious renascence than are those observers who see the disappearance of religion as the triumph of the Enlightenment. Religion is so emotionally laden, in a positive as well as a negative sense, that we often interpret our perceptions either more positively or more negatively than the empirical reality warrants. Where the 'just mean' lies no one - at least for now - can say. Moreover, complete objectivity and neutrality in empirical research is impossible, at least in this field. The best that can be achieved is intersubjectivity in the sense of intersubjective agreement and control. At the same time, though, we know that this intersubjectivity is contextually determined to a high degree, and thus dependent on social and psychological factors of time and place. The idea that we should be able to obtain empirical knowledge about religion that is universal, general, and independent of space and time, is behind us. There are no laws of religion, even though it was thought at the beginning of this century at the 'Empirical Theology School of Chicago' that such laws could be identified, by analogy with the laws of nature (Macintosh 1919; cf. Van der Ven 1998, 1-32)). Social and cultural laws have rightly disappeared from the research agenda (cf. Toulmin 1990). All we can do is try - in as unbiased a manner as possible - to test hypotheses from which religion, and thus also perceived signs of transformed religion, can be approached, always aware of the temporal and spatial context from which these efforts are undertaken.

Both of these considerations - that the signs of transformed religion are still very weak and that the content of religion can be interpreted and studied only contextually, with the second consideration being of a more fundamental nature - dictate considerable reserve, caution, and carefulness.[6]

However, the complexity of this question does not prevent me from providing some empirical indications, however tentative and subject to doubt, of the nature of a possible transformation of belief in God in the secularized West, which leads us to the second part of this paper.

---

[6] The situation is ambivalent. Many surveys show a large scale of religious indifference, which is a rather modern phenomenon, as de Lamennais indicated in his 'Essai sur l'indifférence', in which he clarified the following steps: "de l'indifférence à la religion selon le XVIIe siècle à l'indifférence entre les religions selon le XIXe, en attendant l'indifférence aux religions, à toute religion selon le XXe" (Poulat, 201). Whether the recent interest for alternative religions, which is empirically rather weak, can be interpreted in terms of transformed religion, as it is meant here, needs differentiated theological consideration. And the quesion whether this interest can be understood from the supplementation hypothesis (people who are most close to traditional religions are also interested in alternative religions), the compensation hypothesis (people who left traditional religions aside, are interested in them) or the activation hypothesis (alternative religions appeal to groups outside the traditional religions), should be left open (see: T. Bernts, H. Van der Hoeven, Tussen Rooms en Redfield, in: *Sociale Wetenschappen* 41(1998) 2, 57-69.

II. God's transformative return?

Let me suggest four characteristics of a transformed God idea which hypothetically emerges from empirical research my department of empirical theology conducted the last fifteen years. With regard to each of these four characteristics I will first offer some empirical data, each time after which some theological problems and questions will follow.

But before I will do so, I like to make some previous remarks, which refer to the relevance and adequacy of doing empirical research within and from the perspective of theology. Although I frequently wrote about this methodological topic in previous publications, I think it is appropriate to shortly repeat here some conclusions at which I arrived then, just for the sake of trying to prevent the reader from misunderstanding.

First, the relevance of empirical research within and from the perspective of theology can be clarified by the way in which Schillbeeckx, already in the sixties, stressed the importance of this kind of research into today's cultural context, although he then restricted it to the situation of the church within the realm of pastoral or practical theology. He says: "The dogmaticians and moral theologians also take into account the present-day situation of the church, but they do so occasionally and certainly not scientifically, rather in a 'prescientific' and in this sense unreflexive, 'naive' manner. This prescientific awareness, however, can be scientifically reflected. The scientific-analytical description of the current state of the church as such cannot be the very task of dogmatics or moral theology, just as the study of the state of the church in the past is not the task of dogmatics but a seperate discipline, that is church history".[7]

Second, this empirical research should not be understood in the sense of positivism, as if the empirical researcher would have raw facts at his or her disposal. On the contrary, he does not have a direct access to facts, but describes and analyses data, which are given (= data) to him from and within a theoretical frame of reference only. In other words, these data emerge from the interaction between 'subject' (the

---

[7] E. Schillebeeckx, Oprichting van een pastoraaltheologische studierichting aan de Theologische Faculteit, Toegevoegd stuk aan: H. Cornelissen et al., *Concept voor de oprichting van de pastoraaltheologische studierichting*, Archief Theologische Faculteit, Katholieke Universiteit Nijmegen 1963.

researcher and·his frame work) and 'object' (the data 'given', referring to 'facts' from this frame work).⁸

Third, the theoretical frame of reference within which the researcher collects the data, is hermeneutical in nature, because the researcher stands, whether he is conscious of it or not, in one or more cultural as well as theoretical traditions, which he time and again interprets and (re-)appropriates, and the relation with which he can not make disappear, while otherwise he would cut the branch he is sitting on himself. In other words, hermeneutics is always involved in empirical research (Browning 1991). Therefore, I do not argue for empirical research independently from hermeneutics. I do not even argue for empirical-hermeneutical research, as if hermeneutics would follow empirical research only. I argue for hermeneutical-empirical research, with which I mean that empirical research is enveloped by hermeneutics, while being preceded and succeeded by it.⁹

Fourth, the role of empirical research from and within theology is a dialectical one. On the one hand, it offers theology empirical information and insights about the experiential, cognitive, affective, conative, ethical, ritual and communal processes people goes through from their relation with God in general, the gospel more specifically, and the church still more concretely. This empirical information is indispensable, because theology is to be defined in general terms as scholarly reflection on faith, and more specifically as scholarly reflection on actual faith. In this sense, empirical research forms a necessary condition for theology. But, on the other hand, it is not a sufficient condition, because next to the empirical information and insights about people's faith, theology needs literary, historical and systematic information and insights, which together build the material from which theological reflection starts and develops critically and constructively. In his doctrine of the 'loci theologici', Thomas Aquinas identifies three primary 'loci', namely the Bible, the apostolic tradition and the church. This last 'locus' includes not only the doctrinal statements of popes and councils, but also and above all the actual, living ecclesial practice. Thomas ascribes the highest value to this living practice of the church because it is guided by the spirit of God (Sth II-II, q. 10, a.12; III, q. 66, a.10), as Schillebeeckx' analysis in his 'Openbaring en Theologie' (1964) shows. This living practice of the church may be deepened to the realm of the 'sensus fidei and 'the consensus fidelium', which Vatican II referred to in 'Lumen Gentium' (n. 12). It may be broadened

---

⁸ Johannes A. van der Ven, *Entwurf einer empirischen Theologie*, Kampen/Weinheim ²1994; English translation: *Practical Theology: An Empirical Approach*, Leuven ²1998. In this paper the English translation is refered to: p. 105.
⁹ Id., Empirical Methodology in Practical Theology: Why and How? In: *Pastoraltheologische Informationen* 15(1995)1, 135-154.

to contemporary culture, including its search to God inside and outside the church, in which this 'sensus fidei' participates. To my mind, it is from the interaction between the literary, historical, empirical and systematic insights that true theological reflection develops critically and constructively.[10]

Fifth, from this perspective, the relation between theology's normativity and empiricism can be determined. This normativity neither contradicts nor even precedes theology's empiricism, but emerges and results from the dialectics between the literary, historical, empirical and systematic approaches within theology. The very reason is that normativity is not context-free, but deeply determined by its context, which means that it can only be (re-)constructed from its context. This (re-) construction requires various theological approaches, including the empirical approach. All of this is implied in the hermeneutical rule of the so-called 'dialogue of relationships' or 'correspondence of relationships', which has been elaborated on by Schillbeeckx (1983), Ricoeur (in: Protestantisme et liberté, 1986) and Cl. Boff (1987). This rule says that today's normative meaning of the gospel emerges from its relation to today's context in a way that is analogous to the normative meaning of the gospel in the past which emerged from its relation to its context in that past.[11]

Finally, empirical research from and within theology contains two groups of methodology, i.e. qualitative and quantitative methodology. Qualitative research is not not only to be seen as a good preparation for quantitative research, allowing a survey to be framed in terms of the respondents' needs and interests; it is also a necessary continuation of quantitative research, as a way of giving depth to numbers and tables. Conversely, quantitative research is not only to be seen as a necessary preparation for qualitative research, as a way of ensuring that an in-depth interview will be oriented toward perhaps unsuspected patterns of thinking, feeling and acting that are easily overlooked. It is also a necessary follow-up to qualitative research, providing a means of studying how tendencies that are first observed in personal interviews are manifested in a larger population, and the possible variations that may be found. In

---

[10] Id., God in Nijmegen,: Een theologisch perspectief, in: *Tijdschrift .voor Theologie* 32(1992) 3, 225-249, here 225-231. Id., *Practical Theology*, o.c., 106-110.

[11] Id., *Practical Theology*, o.c., 46-49. Ricoeur says: "en découvrant l'enracinement des textes divers dans les situations culturelles et historiques particulières auxquelles ils répondent, nous découvrons que nous ne pouvons avoir avec eux qu'un rapport analogique, je veux dire dans le droit fil de l'analogie de la foi, un rapport requérant de nous que nous soyons à notre temps ce que les hommes d'alors ont été au leur" (p. 163).

other words, both methodologies are to be seen from the assumption of complementarity.[12]

After having formulated these methodological insights I arrived at in my previous publications, I now proceed by suggesting four characteristics of the return of God transformed, which, as I already suggested, hypothetically emerges from empirical research my department of empirical theology conducted in the recent past. I will offer some empirical data with regard to each characteristic to be followed immediately by some theological questions.

The first and perhaps most important characteristic that emerges from this research is that an absolute-transcendent God is clearly refused. God is no longer seen as the direct, all-controlling cause of all that happens in natural, social and psychological life. He is not exclusively the omnipotent, the omni-present, the omniscient being who intervenes directly in the course of world and the affairs of human beings, turning them directly for good or ill. God does not intervene directly, and certainly not out of despotism or capriciousness. From an empirical point of view - by which I mean, according to the experience of the people of today - metaphors such as 'divine providence' and 'divine intervention' are often equated with God's absolute transcendence, which people reject altogether. Contrary to this, people receive God's immanent transcendence in a positive way and accept it, as a survey among an a select sample of the Dutch, which was conducted in 1995, shows. The average score of immanent transcendent God images among the Dutch lies in the middle range of the measuring scale (2.9 on a five point scale), which still indicates an ambivalent attitude, whereas the believing people among them show a non-ambivalent, clearly positive attitude (3.5 or higher).[13] It is interesting that 25% of this population as a whole, who accept God's immanent-transcendent images, are non-church participants, 22% are marginal participants and 53% are regular participants. In other words, for a quart of the population faith in God in terms of his immanent transcendence takes place outside of the church, without the church, independent of the church.[14]

In order to formulate some theological questions with regard to these data, let me exemplarily take the concept of intervention, which refers to God's absolute tran-

---

[12] Id., Die quantitative Inhaltsanalyse, in: J.A. van der Ven/H.-G. Ziebertz (Hrsg.), *Paradigmenentwicklung in der Praktischen Theologie. Serie Theologie & Empirie* 13, Kampen/Weinheim 1993, 69-112; Id., Die qualitative Inhalsanalyse, in: id., 113-164.

[13] Id., Faith in God in a Secularized Culture, in: *Bulletin European Theology* 9 (1998), 21-46, here 38.

[14] Ibidem, 40.

scendence, as a starting point. Is there any theological reason to stick to this concept? Of course, the believer in God may, with good reason, speak of God's *extraordinary* action in the history of mankind, as Schillebeeckx (1973, 520) puts it. This is surely true when the believer is conscious of the metaphorical and evocative character of this expression, and consequently also construes this divine action as indirect divine action, as Schillebeeckx says. But the question is whether that which the believer may do, he or she also should do, especially when for many people this usage, as I have already noted, is equated with images of God characterized by absolute transcendence, particularly governing symbols of hierarchy, monarchy and patriarchy, and with corresponding attitudes of submission, obedience and guilt. Many have thrown off the religious culture of fear, shame and guilt that is associated with these images (Delumeau 1990). As a result a classic metaphor such as 'divine intervention', but also classic metaphors such as 'divine omnipotence', 'divine omniscience', 'divine will', 'divine providence', and even 'divine action' become suspect, and the question arises whether the continuing use of these images, even when their meaning is interpreted 'hermeneutically', is in keeping with the transformation of belief in God that may or may not be taking place - I remain cautious. We need to ask whether these metaphors are so strongly equated in an empirical sense - and by this I mean again: according to human experience - with God's absolute transcendence that they act as an obstacle to the unfolding of the mystery of God's immanent transcendence which seems to characterize the transformation of belief today (cf. Pieterse 1994). The crucial problem, which is implied in all of this, refers to the definition of the nature, scope, and terms of the relation between God and human beings, which is to say between God's working and human activity, between God's working and human autonomy. All of this refers to the specific problem of the relation between God's transcendence and immanence. The question is whether it is possible to interpret God's transcendence in such a way that his immanence appears neither as its negation nor as its contrast nor even as its complement, or the other way around. I think that these problems refer to some challenges the Enlightenment formulated, which theology did not really process through yet. From this perspective I like to explicitly ask the following questions: would it not be more appropriate to restrict to God's concern and benevolence with the cosmic, social and psychic world in a general way than using tradition's metaphors of God's providence in a specific way (cf. Taylor, Sources of the Self , 266-274), however without loosing God' s economy of the gift, as Marion (1982) and Ricoeur (1992; 1995) would have it; would it not be more appropriate to speak of God's working than of his acting, because 'God's working' may imply continuous causality, while 'God's acting' implies God's reconstructable specific intentions and corresponding specific deeds, which may compete with human's deeds; would it not be more appropriate to think of God's continuous causality in terms of immanent causality with regard to the cosmic, social, and individual world, from which his concern and benevolence can be understood, than to reject causality altogether?[15] As Spinoza says in his Ethics, God is the indwelling cause of all things.[16] This is no pantheism, because as Spinoza says: "as to the view of certain people that the Tractatus Theologico-Politicus rests on the identification of God with Nature (...), they are quite mistaken". Spinoza agreed with Paul that all things are 'in God and move in God'.[17] Wouldn't it be appropriate to speak of the interdependence of all kinds of elements within the cosmic, social and psychic world and interpret the relation of this interdependent world to God in terms of absolute dependence, as Schleiermacher does.[18] In other words, from a religious perspective, the freedom and autonomy with which I relate to all other 'agents' in the world, is to be seen in terms of an 'initiated initiative' (Vattimo, Ik geloof dat ik geloof, p. 93). As the reader may understand from the above, the reason for asking these questions is that, empirically speaking, the classic metaphors such as 'God's intervention', 'God's providence', and even 'God's action' appear to be an obstacle for many people to be able to believe in God altogether. From here, an important epistemological question arises: doesn't empiricism function as the limit of hermeneutics, albeit within the dialectical relationship between the literary, historical, systematic and empirical approaches in theology?[19]

The second important characteristic of today's belief in God may be introduced by some verses by the Nobel prize winner for literature, Joseph Brodsky (1995, 125), who wrote: "That we've broken their status,/ that we've driven them out of their temples, / doesn't mean at all that the gods are dead..." With the decline of Christianity as the unifying religion in the modern age, as Max Weber (1968, 605) remarked at the beginning of this century, the old gods climbed out of their graves and are once again actively present. Although fundamental differences may be discerned between the Greek and Roman gods, who belong to the origin of western culture, and today's divine powers, both groups have in common that they symbolize the drama, tragedy, conflicts, paradoxes, dilemmas and aporias of human existence. As Ricoeur (1984, 52-90) says, their stories invite me as the listener and reader to transform my life "by proposing of a world that I might inhabit and into which I might

---

[15] A. Houtepen (*God: een open vraag* 95-96) wrongly rejects God's causality, while neglecting the distinction between external and internal causality or transcendent and immanent causality.

[16] B. de Spinoza, *Ethics*, Oxford (2000), I, 18.

[17] Spinoza, *Letter 73 to Oldenburg*.

[18] F. Schleiermacher, *Christlicher Glaube* par. 46, 1.

[19] Against the background of the survey of models regarding God's action in the world, which P. Oomen (*Doet God ertoe?: een interpretatie van Whitehead als bijdrage aan een theologie van Gods handelen*, Kampen 1998) intelligently reconstructed, the question can be asked whether God's luring and persuasive 'working' in the sense of Whitehead are to be necessarily interpreted in terms of 'intervention' (412-433).

project my own most powers". Put another way, the polytheistic stories teach us the art of living with fortune and misfortune, freedom and fate, calling and chance, suffering and death (Marquard 1987, 94-95).

Empirical research teaches us that modern people believe in spiritual powers. A first contemporary example is based on some observations about the funeral liturgy. It often happens that the pastor, before placing the death in a religious perspective, speaks about chance, 'Tuchè', that has crossed the survivors' paths, or about fate, 'Moira', that has cut short the life of the departed. Tuchè, chance, is an unforeseen, unpredictable event that is sometimes personified, to varying degrees, as a power. Tuchè is irrational and capricious, she is sometimes represented with a blindfold, not, like the Lady of Justice, to signify impartial judgment, but because she makes blind and arbitrary decisions, or she is shown with a wheel, the wheel of fortune (Ijsseling 1994, 135ff.). Moira, or fate, is a superhuman power that controls people's lives. Moira is the night, dark and obscure (Otto 1961, 257-281).[20]

Other examples we owe to empirical studies, from which we know that the percentage of the Dutch who believe in chance has grown to 20% in the last 20 years, and that the percentage who believe in a combination of chance and plan has grown to 55% (Goddijn et al. 1979, 172; Dekker et al. 1997, 137). By 'plan' we could understand God's plan, but also the plan of superhuman powers that are separate from the God of Christianity. At least 20% believe more or less that life is influenced by the position of the stars (Goddijn et al. 1979, 163), and the percentage of young people who feel an affinity for spiritualism is close to 10% (Becker et al. 1997, 129), while the percentage who always or sometimes follow the advice of horoscopes is around 20% (De Hart 1990, 87). A recent German study shows that about 15% of respondents believe in fate as a higher power, in extrasensory powers and energies (Jörns 1997, 234-235). Especially young people in urban areas are attracted to such beliefs. A German study carried out several years ago indicated that belief in fate is most

---

[20] The further development in Greek mythology resulted into a company of three sister-goddesses. According to Freud's analysis of King Lear (Freud 1985b), the three sisters, who appear as King Lear's daughters, represent "the three inevitable relations that a man has with a woman -the woman who bears him, the woman who is his mate and the woman who destroys him; or that they are the three forms taken by the figure of the mother in the course of a man's life -the mother herself, the beloved one who is chosen after her pattern, and lastly the Mother Earth who receives him once more. But it is in vain that an old man yearns for the love of woman as he had it first from his mother; the third of the Fates alone, the silent Goddess of Death, will take him into her arms" (Freud 1985b, 247).

prevalent among people of the lower middle classes with what the researcher calls a 'trivial cultural awareness'(Schulze 1993, 624).[21]

These empirical data give the theologian enough material to think about. The first insight that emerges from these data refers to the phenomenon that God or the Divine is no longer seen as the determining centre of man and the world, as monocentric; the Divine has become polycentric. The Divine is no longer the one, all-defining creator of the universe. The reason is not that God is no longer supposed to exist, but that the universe is no longer seen as an well-integrated whole. Instead, we have come to understand it as a contingent assembly of random elements and random movements, the relations between which can be described mathematically as being based on chance (Dijksterhuis 1985). God no longer sits on a throne under the heavenly canopy that stretches over cities and towns, estates and classes, communities and groups, rich and poor. The reason is not that God is no longer supposed to exist, but that society is no longer seen as *one* whole, but rather as a contingent assembly of processes and structures based on chance, the interactions between which can be described in mathematical terms. Against this background, it seems reasonable that in the transformed faith - if such it is; I remain cautious - the presence and working of God are more likely to be described in polycentric than in the old monocentric terms. Do centrifugal or centripetal metaphors, images and ideas still carry sufficient power? Is it still possible to claim that everything comes from God and from that centre spreads throughout the world, and that everything also eventually takes the opposite path and returns to God, though surely this classic image is not lacking in mystical beauty.

Here, a fundamental theological problem arises. On the one hand the essence of the apostolic creed is the unwavering testimony to the one God, creator of heaven and earth, as well as the renunciation of any other absolute, non-created principle, alongside God or opposed to God. Herein this creed follows the line of the original witness of the Old and the New Testament (cf. 2Sam 7, 22-24 and 1Cor 17, 20-23).[22] On the other hand, monotheism also has a history behind it, a history that is not yet finished, and about which many uncertainties still remain. From what point on does

---

[21] In a personal conversation in May 1998, the Swedish sociologist Goeran Gustafsson referred to the percentages of the Swedish people (15%) and of the Finnish people (18%), who believe in fate as the origin of most human suffering in the world.
[22] According to Logister (1988), the 'monos' within monotheism should not be in-terpreted in numerical terms, as if God could be seperated from other entities, which could lead to 'onto-theology'.

the Jewish bible begin to speak of monotheism or at least mono-Yahwism?[23] Is it since Abraham or only since Moses, or, still later, since the post-exilic period? Does it speak of 'plain polytheism', which refers to the veneration of e.g. Asherah, Astarte, Baal, Moloch, or perhaps of a pantheon, in which Yahweh acts as the highest God?[24] Does it speak of temporary henotheism? Most theologians reject such questions outright and speak of exclusive monotheism. Others study the hypothesis of what they call inclusive monotheism from the time of the First Temple. The dates and the meanings of the names of God are important in this regard: Yahweh and Elohim.[25] And much of the polemics against 'Canaanite' cults, such as in Ex. 34, Lev. 18 or Deut. 12, mirrors tensions which emerge from the striving for the shaping of a unique identity in the post-exilic temple community.[26] And even apart from this, there are many texts, particularly in the Psalms, in which the psalmist acknowledges the existence of gods or godlike forces which are subsequently overpowered by Yaweh, or at least the psalmist prays that they will be.[27] In the books of the prophets one no longer finds this: there the gods and godlike forces are called 'nothings'; they simply do not exist. Paradoxically enough, it was prophetic theology that in this century pointed to the negative consequences of monotheism in terms of the ideological legitimation of the societal status quo.[28] And interestingly enough, the Jesus cult the first Christian communities developed from their faith in Jesus glorified, was considered by the Jews as a violation of God's uniqueness (Denaux 1989, 377).

However, apart from the many historical and theological problems tied up with this question, and apart from the dualism in Hellenistic Judaism and in the New Testament, there is another point concerning the relationship between monotheism and polytheism, and that brings me to another problem. That is: How do we, in our

---

[23] Mono-Jahwism might be seen as practical monotheism, i.e. a form of monotheism which is not systematically developed and reflected upon yet (V. Hamp, s.v. Monotheismus, *LThK* 7, 1962, 566-568).

[24] Becking in K. Van der Toorn (ed.), 157-158.

[25] On the basis of his 'poetic' reading of Scripture, H. Ch. Brichto, *The names of God: poetic readings in biblical beginnings*, New York 1991, defends the tra-ditional thesis of exclusive monotheism without any religious evolution.

[26] Ch. Uehlinger in K. Van der Toorn, *The image and the book: iconis cults, aniconism and the rise of book religion in Israel and the Ancient Near East*, Leuven 1991, 98.

[27] In D.V. Edelman (ed.), *The triumph of Elohim, From Yahwism to Judaism*, Kampen 1995, the hypothesis is developed by D.V. Edelman, L.L. Handy en H. Niehr that first temple Jahwism knew a pantheon with Yahweh as the ultimately highest God (cf. Ps 82,1; 89,6, 8; 103, 19-21; 148, 1-5; Job 15,8; Jer 23, and many other places - see p. 62).

[28] Monotheism can lead to fatal consequences if it not develops into the direction of what Tillich (*Systematische Theologie*, Stuttgart 1966 I, 228) calls trinitarian monotheism, cf. E. Peterson, *Theologische* Traktate, München 1951; J. Moltmann, *Der gekreuzigte Gott: Das Kreuz Christi als Grund und Kritik christlicher Theologie*, München 1972).

Christian faith in God, account for chance, for time, for the contingency of human existence? In polytheistic mythology there is plenty of opportunity to account for time and contingency. I already pointed out the god-like forces of chance (tuchè), fate (moira), and necessity (anagkè). All three of them, in their different ways, have to do with the sunset of suffering, the evening of dying and the night of death. A question that I have been asking myself for years, because it comes up again and again in my empirical theodicy research, is whether we in the Christian faith have enough space, or allow enough opportunity, for the grief, the complaints and incrimination that rise up in us when blind chance, blind fate and blind necessity strike us and leave us mired in despair and futility. The lament psalms, the Lamentations, and Job do exactly this. So does Jesus on the cross, when he says, "My God, my God, why have you forsaken me?"

Yet the complaint and recrimination were soon suppressed in the Christian tradition, for nearly 20 centuries, as Kuschel (1996) has so convincingly demonstrated. Suffering is seen as willed or permitted by God, so that it can be fitted into his plan of retribution, testing or purification, thus silencing all complaint and recrimination. Or, the idea that God allows suffering is rejected, and God is pictured as suffering the sufferings of the sufferers in the very depths of his being. This too, silences all complaint and recrimination, for how can you complain to someone who is suffering along with you, and how can you recriminate against Him?

Kuschel opens up a separate space for the complaint and recrimination against God. I would like to pursue this line of thought and go one step further. What, I ask myself, is the substance of the complaints and the recriminations? Is it the lament that God is blind to chance, fate and the necessity of suffering? Is it the heartfelt cry that God is incomprehensible? Is it that God is unpredictable, as Kuschel (1996, 254-255) says? If so, are we not assuming once again that God, in some way, has willed, allowed, or at least could have prevented that chance, fate, necessity? Is it not more adequate to express suffering as the 'mysterium iniquitatis'? The 'mysterium iniquitatis' does not reside in God, but consists in the very incomprehensibility and unpredictability of suffering as chance, as fate, as necessity. God is not incomprehensible and unpredictable, but the forces of chance, fate, necessity are blind and unfathomable. God is pure positivity, as Thomas Aquinas tells us; negativity can have no cause or motive in God. In suffering, two unfathomable mysteries collide: the mystery of God's pure positivity and the mystery of the unfathomable nature of chance, fate and necessity (Schillebeeckx 1977, 669-671). The only thing we can believe is that this collision does not hold God in check, for as the 'God of the heavens', the 'God of the powers', the 'Lord of Hosts', as He has been called since the Yahwism of the

First Temple and even now in the Sanctus of the Catholic and Lutheran Eucharist, He will ultimately prevail.[29]

Is a polycentric faith in God possible? Is the new polytheism, which is really a post-monotheistic polytheism (Heyde 1997, 210), compatible with the Christian faith in God? Let me suggest a hypothetical answer, and in order to do so, distinguish between positive divine powers, negative and ambivalent ones. So, there are positive divine powers such as love ('Aphrodite'), justice ('Dike') and Eros. Examples of negative divine powers are Narcissus or the werewolf. Examples of ambivalent powers are Apollo, who represents both regularity and rigidity, and Dionysos, who represents both invention and orgiastic transgression. Other negative or at least ambivalent powers are chance ('Tuche') and fate ('Moira').

To the extent that this polytheism concerns the working of positive divine powers, that have the welfare of human beings in mind, a polycentric faith is possible, and even desirable, certainly in light of a pneumatology that emphasizes God's active presence and energy in all that exists. The positive spiritual powers, like love, justice and eros, that live in human beings both individually and collectively, can be positively interpreted and evaluated from the perspective of pneumatology. They can be seen as signs of God's active presence and energy, living and working in human beings. The Second Vatican Council cautiously stated in the Dogmatic Constitution on the Church, 'Lumen Gentium', that God is not far away from people who search for the unknown God in shadows and images, because — and then the Council quotes The Acts of the Apostles — "he himself gives to all mortals life and breath and all things" (Acts 17, 25-28).[30] But how is it with the ambivalent and negative spiritual powers which influence human beings from the outside and are out of their control? In so far as polytheism concerns spiritual forces and powers which bring suffering and drive people to their deaths, a polycentric faith is not possible. God is a God of the living, not of the dead. In God there is no violence (Houtepen 1985; 1997, 124). This is not to deny the existence of evil powers. As Houtepen (1997, 305) says: "The faith in God's universal presence and action seems to be defeated again and again by all kinds of *polytheism*: by the experience of the complexity of factors that as forces and powers determine us". From this perspective it is understandable, as I said, that the psalmist prays that those forces and powers will not have the last word, but that God will ultimately triumph. Here theological reflection on God touches on escha-

---

[29] According to H. Niehr (Van der Toorn, op. cit., 92), the dominance of the title YHWH Sabaoth appears in the pre-exilic texts, whereas "the exilic and post-exilic texts are characterized by an almost eclipse of this epitheton".
[30] Lumen Gentium 16.

tology: the God of hope, to whom we address ourselves in our complaints and incrimination, is the coming God (cf. Moltmann 1996, 22-28; Jüngel 1982, 389ff.).

In connection with the two characteristics which I have indicated so far (immanent transcendence and polycentrism), there is a third characteristic that in my view is gaining steadily in importance: the non-personal nature of God. From survey resarch we conducted among parishioners of five parishes each in Nijmegen (The Netherlands), Arnhem (The Netherlans), Ottawa (Ontario) and Hull (Québec), we learned that the non-personal images of God are preferred to the personal ones, across these parishes.[31] This is a phenomenon that repeatedly is reported in national and international comparative research programs during the last twenty years.[32]

What does this mean theologically? I intentionally speak of 'non-personal' and not of 'impersonal'. 'Impersonal' sounds deprecating and pejorative, while 'non-personal' is a neutral adjective and means simply that God is not seen as a person. The statement "God is not a person" recalls Tillich's statement "God is not a being". Tillich adds, as many theologians have done before and after him, "If God is not a being, God is not a person, God is not personal, but transpersonal". This is only one way of describing the non-personal nature of God: God is not personal in the manner of a human person, He is personal in a manner that exceeds and transcends the temporal-spatial limitations, specifically the individuality, of the human person. In this way Tillich, having first defined God as "not a person", places the definition of the nature of God back into the frame of reference of personhood, albeit by saying that God as transpersonal transcends the personal (Tillich 1966). This answer, however, no longer satisfies many people today. The exclusive emphasis on the personal nature of God, even if it is a transpersonal nature, does not satisfy the growing sense that God works in us and at the same time encompasses us as the non-personal breath, force, driver and impulse. The exclusive focus on God's personal and transpersonal nature leaves no or insufficient space for the non-personal dynamic force and energy that God, at the least, *also* is, a dynamic force and energy which lives in us and drives us onward, and which at the same time encloses and contains us. An objection against a non-personal God image might be that a non-personal God would be one that does not speak, know, feel, love, judge, reward or punish, though the conclusion that God does not love and cannot be loved could perhaps be overly hasty. Spinoza, the Dutch philosopher who stands at the beginning of the modern period and who emphasizes the non-personal nature of God although he admits that simple people have need of personal images, does leave a place in his thinking for the love of God and the love to God, albeit in non-personal terms.[33]

---

[31] J.A. van der Ven, "Autonom vor Gott?", in: *Die widerspenstige Religion* (Festschrift H. Häring), Kampen 1997, 319.
[32] God in Nederland 1996 -1996; SOCON; European Value research etc.

the love of God and the love to God, albeit in non-personal terms.[33] Perhaps Schleiermacher, the first truly modern theologian, was right when he said that God's personal nature and His non-personal nature form two equal aspects of God's character that function as two poles of a dialectic relationship, and in which God's personal nature moves into the foreground when we pray to Him, while His non-personal nature takes precedence when we think about Him (Reden). And yet, perhaps the strict relation between prayer and God's personhood has to be relativized, when we take into account the praying practices of the great mystics such as Pseudo-Dionysius, who stressed three steps within theology: affirmative theology that expresses itself by formulating assertions, negative theology, that is beyond these assertions, and the third step that is beyond both assertions and negations (The Mystical Theology, Ch. 5, 141).[34] Perhaps it is accurate to suppose that many people, in the large or small religious experiences in which they catch a glimpse of God's presence and working, experience both God's personal nature and his non-personal nature as unproblematic, even as self-evident, and at the same time experience Him as being beyond this antinomy. Does the one-sided emphasis in much of classical theology and much kerygma on God's personal nature not detract from this experience? Is it not high time to rescue God's non-personal nature from the sphere of the small print and footnotes and focus primary attention on it, in addition to and in connection with the personal aspect?

Associated with the dialectic between God's personal and non-personal nature is a fourth and last characteristic, namely iconicity versus an-iconicity, which is: forming images of God versus not being able to form any images of God at all. On the one hand, for many people God's iconicity follows naturally from belief in a personal God. The Judeo-Christian tradition is awash with personal images; the entire preconceived mental horizon of that tradition is formed by images of God's speaking, knowing and feeling, God's love, judgment, reward and punishment. A great many people were raised in this tradition and remain in contact with it, if only through the surrounding Western culture which is permeated by this tradition, and through the mass media which report on it. On the other hand belief in a non-personal God is gradually producing an acceptance of God's an-iconicity. Many people do have an an-iconic conception of God, although they naturally express it more concretely in words such as "I believe in God but I don't associate any image with him" or "I have devoted my children to God and that is very precious to me, but don't ask me what

---

[33] B. de Spinoza, *Ethics*, Oxford 2000 V, 36.
[34] G. Vattimo, *Ik geloof dat ik geloof*, Amsterdam 1998, 93-94 (orig: *Credere di credere*, Milano 1996) is ready to accept that that which he thinks of and says while praying, should be secularized further, as he calls it, "for example the idea that God is father and not also mother, or even that he is a person".

that means". In our research among 974 students of Catholic secondary schools in the Netherlands, carried out in 1998, the total research population most agreed with the an-iconic approach of God (with an average score of 3.1 on a five point scale), whereas the subpopulation of students who defined themselves as religious, even reached a mean score that was more than a half scale point higher (3.7).[35]

What is the theological relevance of these data? To dismiss such attitudes as vagueness or ignorance, as often happens in both sociological and theological literature, borders on moralism and attests to a lack of insight into the possible religio-cultural shift which I suspect might be taking place and which would have as its consequence a change in the structure of belief in God. Statements such as these almost always reveal a certain contradiction: "Yes, I believe in God but....." It is as though the respondents feel that, against the background of the Judeo-Christian tradition, they must apologize for the fact that they do believe but have no words, images or ideas to express that belief, probably because the personal images and concepts available from the past are considered, in their exclusivity, less and less appropriate as ways of describing God. The apologetic tone is understandable in view of the emphasis that is placed de facto in religious education and religious socialization on the personhood and the iconicity of God. And now they stand with empty hands, feeling awkward and perhaps even guilty for their belief. Should they? Though some claim that such views are a matter of religious agnosticism or 'agnosm' (cf. Houtepen 1997, 53ff), it could also be that we have arrived at a structurally different cultural phase in which it is necessary to emphasize God's an-iconicity alongside and in connection with His iconicity, and to further develop both on the basis of a polar tension between them. It would not be the first time that God is seen in an an-iconic way. The view that Yahweh was exclusively represented by the empty cherubim throne in the First Temple and not by a statue, is to be interpreted in terms of 'de facto an-iconism', which refers to the mere absence of images. At the same time this 'de facto an-iconism' was tolerant toward other preferences, which imply that the YHWH cult was centered around a statue or cult symbol.[36] This 'de facto an-iconisn' has to be distinguished from 'de jure an-iconism', that also can be called 'programmatic aniconism' or anti-iconism, which refers to the prohibition of images from the Second Temple onwards, or only, according to Niehr, from the Hasmonean period on-

---

[35] J. Pieper, J. Van der Ven, in: *Journal of Empirical Theology* 1998, 2.
[36] Mettinger (in: K. Van der Toorn, op. cit., 203, and Niehr (*Der höchste Gott. Alttestamentlicher JHWH-Glaube im Kontext syrisch-kanaanäischer Religion des ersten Jahrtausends vor Christus*, Berlin 1990, 83-90) refer to indications such as 'seeing the face of YHWH', processions with the statue, the feast of YHWH's ascension to the throne, offering for YHWH, and prophetic visions.

wards.³⁷ The theological legitimation of using God images and at the same time rejecting them lies therein that God is continually transcending any images that are made of Him or Her, thereby being actively present by precisely coordinating His or Her own absence, as Paul Ricoeur (1995) would have it.

Conclusion

What should be our reaction to the novel of Geert Mak referred to at the beginning of this lecture: Do the modernization and rationalization processes, present not only in the rural village of Jorwerd but everywhere these processes affect people, lead to the total disappearance of God? Following Hegel's description of the consciousness of the modern people in terms of the death of God and Nietzsche's loud declaration that God is dead, are we burying God, which might be burying the onto-theological conception of God, or are we confronted with the return of God in a transformative way, of which I tried to describe four hypothetical characteristics? I would like to stress the word 'hypothetical', because, in my opinion, there is no robust, clear and simple evidence for God's return.

That God returns might be the case, at least when empirical data and tables are inspected from the kind of theological interpretation I just offered.

It might be the case, which means that it is more a matter of intuition and sniffing with one's nose. To borrow a title from one of Karl Popper's books, we could assert that it is more the matter of conjecture and refutation: the conjecture refers to the fact that something new may be happening, the refutation refers to the idea that secularization is simply a linear and irreversible process. So, I don't give a definite answer, because, looking into the empirical data, I am not able to do so

In other words, as a scholar I leave the question open, whether secularization is an ongoing linear process of decline or whether God returns in a transformative way. As a scholar I leave this question open, which does not border me, but intensifies my scholarly curiosity. Together with Paul Ricoeur I would suggest that this is a matter of a scholarly wager.³⁸ But as a person who defines himself as a religious person, I hope that God returns in a transformative way. And as a person who defines himself as a christian, I intensely hope for His return in Jesus' name in the Spirit.

---

³⁷ Niehr p. 95
³⁸ Paul Ricoeur, *La critique et la conviction: entretien avec François Azouvi et Marc de Launay*, Paris 1995, 254: "Il reste une parole pauvre, désarmée, qui n'a d'autre force que sa capacité d'être dite et écoutée. Elle repose sur une sorte de pari: y a-t-il encore des gens pour entendre cette parole?".

I am convinced that one should distinguish between being a scholar and being a religious person, between being a christian theologian and being a christian, because the inspiration one receives from one's religion and its founder, i.e. Jesus, the Christ, and the authority one attributes to one's religious community and its leadership, can not replace the logical, historical, theoretical and empirical arguments, which determine the very nature of a scholarly debate. This evidently does not prevent me from being motivated, while I am doing theology, by my reading the bible, meditating the gospel, participating in my church, but the inspiration I receive from these religious activities never -or at least should never- take the place of the scholarly argument. Here, together with Paul Ricoeur, I distinguish between argumentation and motivation. As he says: "If inspiration or motivation came into play in the field of argumentation, it would be an argument from authority, that is to say, the worst of arguments. The idea of an argument from authority is a contradiction in terms". He goes on by saying that he prefers the difficulties created by this duality than the confusion born of their intermixing. He concludes: "I prefer the risk of schizophrenia to the bad faith of a pseudo-argument" (Interview July 8, 1991, in: Charles E. Reagan, Paul Ricoeur, His life and His Work, Chicago 1996, 123-135, here 126).]]

Let me end with a personal remark: researching regarding God, reflecting on God, and thinking towards God is more intriguing than it ever was in the past. For me, there is not one moment that one becomes bored, because modern culture, of which religion may be seen as its very core, challenges, sharpens and intensifies one's academic and personal commitment. In order to associate with Augustin's famous saying: the personal search as well as the scholarly re-search of God make restless, until one's soul rests in God.

ANTON HOUTEPEN

GOTT IN EINER MULTIKULTURELLEN GESELLSCHAFT

I. Theologie im kritischen Dienst an Kultur und Kirche

Als 1923 die Universität Nimwegen mitsamt ihrer theologischen Fakultät gegründet wurde, war die Welt nicht weniger multikulturell geprägt als heute. Aus dem fünften Teil der Kirchengeschichte von De Jong, die Jan van Laarhoven, mein verehrter und leider zu früh verstorbener Lehrmeister für Kirchengeschichte an dieser Fakultät, geschrieben hat[1], lassen sich für die Gründungsjahre der Katholischen Universität leicht folgende Angaben zur Zeitgeschichte entnehmen:

Im Jahr 1922 war Mussolini in Rom einmarschiert und hatte Pius XI. den Papstthron bestiegen. Romano Guardini schrieb sein Buch *Vom Sinn der Kirche* und bekam den Lehrstuhl für katholische Weltanschauung in Berlin. Im selben Jahr erschien die 2. Auflage von Karl Barth's *Römerbrief* und gründete K. Barth zusammen mit Fr. Gogarten und E. Thurneysen die Zeitschrift *Zwischen den Zeiten*. In Russland wirkte Lenin mit seiner III. Internationale. Die Gruppe *Lebendige Kirche* befürwortete eine radikale Erneuerung der Orthodoxen Kirche. Im selben Jahr schrieb L. Wittgenstein seinen *Tractatus Logico-Philosophicus*, das philosophische Manifest gegen jeden Aberglauben in Religion, Politik und Wissenschaft.

Weitere Parallelereignisse aus den Jahren 1923-25 waren Stalins Machtübernahme in der Sowjet-Union (1924), der Beginn der Hindenburg-Regierung in Deutschland, die Thronsbesteigung Kaiser Hirohito's in Japan und Chiang Kai-shek's in China (1925-1926). Im kirchlichen Bereich begann die große Stunde der Mission mit Reform und Verstärkung der päpstlichen Missionskongregation *Propaganda Fide* (1922), den ersten Priesterweihen einheimischer Priester in China sowie der Einführung eines besonderen Missionssonntags (1926). Pius XI. legitimierte offiziell die Katholische Aktion, eine katholische Laienbewegung, die zur größeren Beteiligung der Katholiken am Leben der Kirche und der Gesellschaft führen sollte (1925). In Stockholm fand die erste große Ökumenische Weltkonferenz statt, - in Gestalt einer *Christlichen Internationale* (1925), wofür sich auch Bonhoeffer mit seiner Dissertation *Communio Sanctorum*

---

[1] J. van Laarhoven, *De Kerk van 1770-1970* (Handboek van de Kerkgeschiedenis, Teil V), Nijmegen 1974, 279f.

(1927) einsetzen sollte. Gertrud von Le Fort dichtete ihre *Hymnen an die Kirche* (1924) und Otto Dibelius schrieb sein Buch *Das Jahrhundert der Kirche*,- im selben Jahr übrigens, als Miguel de Unamuno seinem Theaterstück über den Todeskampf des Christentums Gestalt gab: *La agonía del cristianismo* (1926). In Mexiko entbrannte der große Kampf gegen Kirche und Religion (1926).

Bolschewismus, Faschismus, Rationalismus einerseits also, katholische Aktion, Mission und Emanzipation, protestantische Erneuerung durch die Dialektische Theologie und ökumenische Bewegung andererseits, schließlich Reformbestrebungen und Kirchenverfolgung im Umfeld der Orthodoxen Kirchen. In dieser geschichtlichen Lage, die schon alle Ansätze zur Dramatik der späteren Geschichte Europas in sich barg, begannen die theologische Fakultät und die katholische Universität Nimwegen ihre Arbeit *im Dienste einer kritischen Kulturtheologie und im Dienste der Kirchenleitung* (im Sinne von Schleiermachers *Kurze Darstellung des Studiums der Theologie* (1810)[2], also nicht als Ministrantin der Bischöfe, vielmehr als Lehramt der Lehrer (*Magisterium Doctorum*) in ständigem Gespräch mit dem Lehramt der Bischöfe (*Magisterium Episcoporum*).

Dieses Programm verhalf den Katholiken der Niederlande zunächst zur Durchsetzung ihrer Emanzipation, dann zum Abbau eines zu engen Konfessionalismus sowie zur Aufklärung über die moderne Kultur und Philosophie, besonders über Phänomenologie, Existentialismus und Hermeneutik. Diese Arbeit erreichte ihren Höhepunkt im Engagement von Theologen aus Nimwegen (Kardinal Alfrink eingeschlossen) für das II. Vatikanische Konzil, für die Zeitschrift Concilium, beim Holländischen Katechismus, sowie beim Pastoralkonzil der Niederländischen Kirchenprovinz. Später arbeiteten sie mit beim Weltrat der Kirchen, bei der ökumenischen „Willibrordvereniging" und der katholischen Bibelstiftung. Sie halfen beim Ausbau des Sozialstaates, bei der Erneuerung der politischen Parteien, bei der Demokratisierung der Gesellschaft, bei der Friedensbewegung, bei der Menschenrechtsbewegung in den frühen 70er Jahren, bei der Entfaltung der feministischen Theologie sowie bei der Emanzipation der Frauen in Kirche und Gesellschaft. Schließlich setzten sie sich ein für die Freiheit des Gewissens im moralischen Handeln.

Durch diesen vielfachen Dienst an Kultur und Kirche leistete die theologische Fakultät einen großen Beitrag für das kritische Selbstbewusstsein der niederländischen Katholiken sowie zum Aufbau der Gesellschaft in Gerechtigkeit, Toleranz und Frieden. Sie lehrte uns, das lokale Erbe zu schätzen, ohne die universale Sicht der Kirche

---

[2] F. Schleiermacher, *Kurze Darstellung des theologischen Studiums zum Behuf einleitender Vorlesungen*, in: K. Nowak (Hg.), *F. Schleiermacher. Theologische Schriften*, Berlin 1983, 267-348 (271).

zu verlieren. Sie hat mitgeholfen, dass Glauben und Wissen - *fides et ratio* - miteinander verknüpft blieben und nicht gegeneinander ausgespielt wurden.

Ab 1975 stockte das Gespräch der Nimweger Gelehrten mit den Kirchenfürsten. Von den päpstlichen Dokumenten *Humanae Vitae* (1968) bis *Veritatis Splendor* (1993), von *Sacerdotalis Celibatus* (1967) bis *Ordinatio Sacerdotalis* (1994) wurden Hinweise von Nimweger Theologen nicht nur ignoriert, sondern kaum mehr gewünscht. Die Architekten der Erneuerung des Vatikanum II wurden gar als potentielle Ketzer angegriffen und verhört. Andere mussten aus Gründen der Liebe und Ehe ihren Lehrauftrag aufgeben oder auf eine Ehe verzichten, um ihren Lehrauftrag zu behalten. Erst zwanzig Jahre später hat der Dialog wieder zögernd begonnen.

Neben den Konflikten mit der Kirchenleitung erfuhr man in den letzten 25 Jahren die Last der Säkularisation, sich leerende Kirchen, den Verlust von Studenten sowie schwerwiegende Sparmaßnahmen in Lehre und Forschung. So wurden Universität und Fakultät zu Leidensgenossen in der allgemeinen Lage der christlichen Glaubensgemeinschaft, die immer mehr zu einer Minderheitengruppe in einer säkularisierten Kultur wurde. Damit bin ich direkt beim Thema dieses Kongresses.

II. Multikulturelle Gesellschaft: ein ambivalentes Stichwort

Die heutige religiöse und weltanschauliche Landschaft im westlichen Kulturbereich ist mit dem Adjektiv „multikulturell" nur oberflächlich gekennzeichnet. Dass wir mit Menschen aus vielen Kulturen europäischer und weltweiter Herkunft zusammenleben, ist weniger neu als man gemeinhin denkt. Historisch gesehen ist die sogenannte europäische Kultur ein Amalgam von griechischen, römischen, germanischen, keltischen, gotischen und arabischen Kulturen. Der Hellenismus, das Judentum, das Christentum und der Islam - die vier Säulen Europas - haben uns religiös geprägt, und alle bilden schon in sich jeweils bunte, in Geschichte und in Gegenwart multikulturelle Gemeinschaften.

Der heutige Sprachgebrauch vom bunten multikulturellen Europa ist aufgekommen, seitdem wir die inneren Grenzen Europas gelockert haben und seitdem sich auch außerhalb der „Burg Europa" sich immer mehr Menschen auf den langen Marsch durch die Behörden der Immigrationsdienste begeben. Ein Ideologieverdacht drängt sich hier auf.

In einem Forschungsprogramm der niederländischen Forschungsgemeinschaft NWO wird unterschieden zwischen *Pluriformität* als einem eher positiven Wert der Bereicherung, und *Multikulturalität* als einem negativ beladenen Ausdruck der Angst und der Bedrohung durch den Zuwachs von Fremdlingen, die die soziale Kohäsion gefährden könnten.[3]

Der Ausdruck „multikulturelle Gesellschaft" verhüllt so die Tatsache, dass sich eine dominante Kultur dem Zusammenprall oder „Kampf" der Kulturen" (Samuel P. Huntington, „The Clash of Civilizations") sowie deren Plädoyers für die Gleichberechtigung von Minderheiten widersetzt, damit sie Minderheiten bleiben. So schrieb der Soziologe Pim Fortuyn 1997 eine Broschüre gegen die Islamisierung der niederländischen Kultur.[4] In Frankreich schrieb Jean-Claude Barreau ein ähnliches Buch über die fundamentalen Gegensätze zwischen dem Islam und der modernen, rationellen Kultur.[5] Beide Bücher hatten Hintergründe in der politischen Rechte, konnten aber große Verkaufserfolge erreichen.

Im genannten NWO-Forschungsprogramm über die multikulturelle und pluriforme Gesellschaft in den Niederlanden, in dem auch Theologen und Philosophen teilnehmen können, wird von einer gesellschaftlichen *Arena* gesprochen, in der die verschiedenen Aktoren auf wichtigen sozialen Ebenen (Erziehung, Wirtschaft, Rechtspflege, Politik, Kunst, Freizeit) miteinander zusammenwirken oder einander ausschließen können.[6] Von einem *inter*kulturellem Austausch, von Wechselwirkung, Zusammenwachsen (Synkretismus) oder Integration wird nicht eigens gesprochen.

Eine noch größere Schwierigkeit besteht in der folgenden Tatsache: In einer säkularisierten Gesellschaft steht nicht das Problem der verschiedenen Großreligionen mit ihren unterschiedlichen Kulturen im Vordergrund, sondern die Frage nach dem Sinn von Religion überhaupt, dazu die Frage nach den Stellenwert aller möglichen alternativen Weltanschauungen mit Esoterik, Okkultismus und Magie. Wie Chesterton es formulierte: Wenn man aufhört an Gott zu glauben, glaubt man nicht an Nichts, sondern an viele andere Dinge.

In dieser kulturellen Lage muss sich die christliche Universitätstheologie, wenn möglich im Bündnis mit den Gelehrten anderer Religionen, von einer neuen und spannenden Frage leiten lassen. Sie lautet: Kann und muss in dieser multikulturellen Arena auch der Gottesglaube mit zum Kampfeinsatz kommen, oder widersetzt sich die Religion, widersetzt sich zumindest der strenge Monotheismus der abrahamischen Religionen prinzipiell jedem Streit um oder über Gott? Positiv formuliert: Kann der

---

[3] Jahresbericht 1997 der Forschungsgruppe *De Nederlandse Multiculturele en Pluriforme Samenleving*, NWO (Den Haag 1998) 7 und 22.
[4] P. Fortuyn, *Tegen de islamisering van onze cultuur*, Rotterdam 1977.
[5] J.-Cl. Barreau, *De l'Islam en général et du monde moderne*, Le Pré au Clercs 1991.
[6] NWO-Forschungsprogramm *De Nederlandse multiculturele en pluriforme samenleving*, 9.

monotheistische Gottesglaube als solcher zum Faktor der Globalisierung der Kommunikation, der Versöhnung und einer gesellschaftlichen Integration werden, die das Besondere des Lokalen in ein universelles Konzept des Lebens und des Todes einbringt?

Es gibt Forscher, darunter auch Ökumeniker und Missionswissenschaftler[7], die ohne Probleme und ganz einfach einem skeptischen Pluralismus mit dem Hinweis zustimmen: Die Globalisierungstendenzen, die von Marktmechanismen, Standardisierung, Meinungsaustausch und Vernetzung der Interessen immer weiter vorangetrieben werden, werden die Neugier nach den lokalen, spezifischen, experimentellen und noch nicht generalisierbaren Lebensäußerungen, sowie den Argwohn gegenüber jedem Einheitstreben geradezu verstärken. Jedes Einheitsdenken (damit auch die innerchristliche Ökumene), der interreligiöse Dialog und der universelle Anspruch der Menschenrechtsbewegung werden dann als aussichtslos oder sogar als totalitäres Denken abgewiesen.

Nun gibt es tatsächlich Anzeichen dafür, dass die Vielfalt der menschlichen Beziehungen gerade durch Globalisierungsprozesse zunimmt: Hinter den komplexen Arbeits-, Schul-, und Freizeitverhältnissen verschwindet rasch die traditionelle Familie; in der Ungleichzeitigkeit der Inkulturationsphasen findet innerhalb ethnischer Gruppen eine weitere Differenzierung statt; im Bereich der Versorgung (von Eltern, Kranken, Sterbenden) entstehen große Unterschiede. Auf dem Gebiet präventiver und kurativer Fürsorge nehmen professionelle Hilfeleistungen zu, auf dem Gebiet der palliativen Sorge gibt es immer mehr Privatinitiativen und immer mehr Arbeit von Freiwilligen. Im Bereich des urbanen Lebens sind schließlich grundlegende Veränderungen zu erwarten: eine 24-Stundenökonomie führt zu weiteren Individualisierungsprozessen. Die urbane Kultur zeigt alle möglichen Formen sexueller Beziehungen auf, die früher in einer agrarischen und tribalen Gemeinschaft vielfach durch soziale Kontrolle unterdrückt wurden.[8]

So führt die Vielfalt und Komplexität der Lebensstile in der modernen Gesellschaft zur post-modernen Differenzphilosophie sowie zur Philosophie des Fragments, zum Kult des Unterschieds und der Variation: Pluriformität und Pluralismus sind der

---

[7] Vgl. Th. Ahrens (Hrsg.), *Zwischen Regionalität und Globalisierung*, Hamburg 1997, 20f. (einleitender Artikel von Th. Ahrens) und S. 249 (Diskussion von W.-V. Lindner und S. Kempin über das Buch von Th. Sundermeier, *Den Fremden verstehen. Eine praktische Hermeneutik*, Göttingen 1996).
[8] Vgl. M. Featherstone, *Global Culture, Nationality, Globalization and Modernity* (London 1990); A. de Ruijter, "Context en Contouren", in: Jaarverslag 1997. *De Nederlandse Multiculturele en Pluriforme Samenleving*, a.a.O., 25-35.

Wahrheit, dem Guten und dem Schönen wesentlich eigen, weil diese sich nur im Dialog der Differenzen ereignen, ohne je erreicht zu werden. Könnte und müsste man so nicht auch „post-modern" über Gott und Religion reden?

Die Gegenfrage dazu lautet: Wird so nicht gerade von Pluralismus und Pluriformität vielfach zu pluriform und verhüllend geredet? Die Ausdrücke können nämlich sowohl einen skeptischen Verzicht auf Wahrheitssuche als auch eine repressive Toleranz verdecken. Sie können auf eine gewachsene individuelle Freiheit und Autonomie verweisen, aber auch gesellschaftliche Zersplitterung und Indifferentismus bezeichnen. Wenn „Gott selbst" bzw. das Phänomen Religion pluralisiert und „multikulturell" angesiedelt werden (Islam, Buddhismus, Hinduismus sind doch auch schön, Voodoo, Winti und New Age sind auch interessant), dann verpasst man gerade die tiefste Frage, ob und warum nur ein Gott sei; der fruchtbare Wetteifer zwischen den verschiedenen Religionen (Vatikanum II, *Nostra Aetate*) wird auf eine postmoderne religiöse Folklore umgestellt, die in „neuer Religiosität" ihren bürgerlichen Ausdruck findet. Die von Johannes van der Ven wahrgenommene Rückkehr zu Polytheismus und Pantheismus scheint mir in dieser Hinsicht nicht harmlos zu sein. Es stellt sich erneut die Frage, ob Schleiermachers berühmte *Reden über die Religion* von 1807 nicht wieder völlig zutreffen. Ich zitiere:

> „Von alters her ist der Glaube nicht jedermanns Ding gewesen, von der Religion haben immer nur wenige etwas verstanden, wenn Millionen auf mancherlei Art mit den Umhüllungen gegaukelt haben, mit denen sie sich aus Herablassung willig umhängen ließ. Jetzt besonders ist das Leben der gebildeten Menschen fern von allem, was ihr auch nur ähnlich wäre. Ich weiß, dass Ihr ebenso wenig in heiliger Stille die Gottheit verehrt, als Ihr die verlassenen Tempel besucht, das es in Euren geschmackvollen Wohnungen keine anderen Hausgötter gibt als die Sprüche der Weisen und die Gesänge der Dichter, und dass Menschheit und Vaterland, Kunst und Wissenschaft - denn Ihr glaubt, dies alles ganz umfassen zu können - so völlig von Eurem Gemüte Besitz genommen haben, dass für das ewige und heilige Wesen, welches Euch jenseits der Welt liegt, nichts übrigbleibt und ihr keine Gefühle habt für dasselbe und mit ihm. Es ist Euch gelungen, das irdische Leben so reich und vielseitig zu machen, dass Ihr der Ewigkeit nicht mehr bedürftet, und nachdem Ihr Euch selbst ein Universum geschaffen habt, seid ihr überhoben, an dasjenige zu denken, welches Euch schuf".[9]

---

[9] F. Schleiermacher, *Über die Religion. Reden an die Gebildeten unter ihren Verächtern,* Erste Rede in: K. Nowak, a.a.O. S. 53.

III. Die Frage nach Gott als Gottes Frage an uns

Die Frage nach Gott in einer multikulturellen Gesellschaft reicht also tiefer, als sich soziologisch mit einfachen Worten wie Pluriformität und Multikulturalität oder mit einem Arena-Modell erforschen lässt. Nicht als ob Theologen an solcher Forschung nicht interessiert wären oder Religion sich solcher Forschung entziehen würde. Aber wie uns Derrida und Vattimo[10] vorführen, ist die Gottesfrage der Neuzeit nicht das Problem unseres menschlichen Fragens oder Nicht-Fragens nach Gott, vielmehr geht es um die Frage: Können wir uns eine Beziehung zu Gott denken, die unsere agnostischen Zeitgenossen nicht als bloße Konstruktion, Projektion oder Metaphorik für menschliche Aporien und Strebungen abtun können, und die im Prinzip alle Religionen als wahre Gottesbeziehung anzunehmen vermögen? Diese Möglichkeit sehe ich dort, wo wir unsere Frage nach Gott als Frage und Appell Gottes an uns verstehen und denken können, ohne uns auf partikulare, nur für Gläubige zugängliche Erkenntniskanäle zu berufen.

In mehr geläufiger Theologensprache: Zutiefst bezieht sich die Gottesfrage, wie Edward Schillebeeckx ein wenig „barthianisch" schrieb, nicht auf „unsere Suche nach Gott, sondern auf Gottes Suche nach uns."[11] Zunächst und vor aller theologischen Reflexion hat die Gottesfrage mit der vielfältigen Gestalt und dem begründeten Gehalt des Betens als einem Aufschrei nach Gott zu tun.

Wer - aus einer säkularisierten und agnostischen Kultur wie der unsrigen kommend - einmal in einer asiatischen Großstadt wie Jakarta oder Bangkok war, weiß wieder, dass das Gebet zu Gott und der Appell Gottes an den Menschen ursprünglich zusammengehören. In Jakarta wird das muslimische Morgengebet von drei Uhr nachts bis halb vier von kräftigen Verstärkern über die Stadt ausgestrahlt. Ausgehend von der großen Moschee am Merdekaplatz breitet sich das Gebet im Abstand von je einer Minute von Moschee zu Moschee bis an die Peripherie der Stadt aus, wie eine mächtige Welle des Erweckens und der Andacht. Ein wenig später, noch vor Tageslicht, bereiten Taxifahrer in Neu Delhi oder Bangalore ihre Blumenopfer vor für die Hausgötter in ihren Wagen, damit sie von diesen in den abenteuerlichen Wirren des Stadtverkehrs beschützt werden. In Jerusalem gehen fromme Juden zur Klagemauer und gedenken des Leidens der Welt und der neuen Opfer des täglichen Kampfes um die friedliche Koexistenz von Juden und Muslimen. In den verschiedensten Klöstern rundum die Welt wachen katholische, orthodoxe, anglikanische, und buddhistische Mönche und Nonnen auf, beten Psalmen und Gebete alter Herkunft und singen in vielen Tönen das Lob der Schöpfung, die Klage um Elend, Sünde und Tod und die

---

[10] J. Derrida und G. Vattimo, *La religion*, Paris 1996.
[11] E. Schillebeeckx in einem Zeitungsartikel in: *Nieuwe Rotterdamse Courant* v. 10. April 1998, 8.

Bitte um Einsicht und Befreiung. In Paris, Rom, New York oder Amsterdam dagegen ruft eine einsame Glocke zum Gottesdienst, eine ferne Stimme am Rande der Nacht, mitten im Lärm des anschwellenden Flugzeug-, Zug- und Autoverkehrs. Diese Millionen im täglichen Stau und im urbanen Stress ihres Arbeits- und Lebensrhythmus, sie fragen höchstens noch nach Gott in Gestalt eines lauten Fluches auf das Verkehrsverhalten der Schicksalsgenossen, eines flehenden Blicks auf ein magisches Maskottchen oder einen Christophorus, oder in Form einer stillen Meditation über das eigene Ich und das Zölestinische Versprechen, das sich doch auch noch im stählernen Käfig entfalten und erfüllen kann. Ansonsten haben die meisten nach den Worten Dietrich Bonhoeffers „die Arbeitshypothese Gott abgeschafft" bzw. nie kennengelernt. Meistens vermissen wir Gott nicht einmal mehr. Die am Sonntag noch zur Kirche fahren, tun das aus reiner Nostalgie; es sind die Besucher, wie der Schriftsteller Gerrit Komrij schrieb, einer hinter dem großen Wolkenkratzer unserer Kultur stehen gebliebenen, jetzt völlig nutzlosen und musealen Bauscheune: Man sieht das Bild der St. Patrick-Kathedrale an der Fifth Avenue in New York vor sich.

Diese so unterschiedliche religiöse Landschaft, die früher vielleicht nur der geistliche Besitz und das Konstrukt von reisenden Kosmopoliten war, wurde inzwischen in vielen Städten Europas zur normalen Umgebung. Moscheen türmen sich hoch neben Kathedralen; aufgegebene Pfarrkirchen werden von afrikanischen Christen oder amerikanischen Evangelisten gemietet. Hinduistische, buddhistische und New-Age-Tempel reihen sich in der Innenstadt aneinander, während unsere Kinder und wir selbst die verlassenen Tempel unserer Kirchengemeinschaften selten besuchen. Viele haben in dieser Landschaft jede Orientierung verloren. Sie nehmen am Gespräch der Religionen und Weltanschauungen nicht mehr teil, entweder aus skeptischem Zynismus über soviel Vielfalt, oder weil sie nach einer grundlegenden Gewissheit verlangen. Es ist die Gewissheit, die ihnen ursprünglich ein vorbehaltloses Vertrauen auf religiöse Wahrheitsformeln und Handlungsanweisungen, Offenbarung Gottes genannt, versprach.

IV. Die innere Multikulturalität der Religionen und Weltanschauungen

Doch lässt sich die Frage nach einer möglichen Wiederkehr Gottes im Bereich des Denkens und der Kultur nicht – in fideistischer oder fundamentalistischer Weise - mit einem Verweis auf Gottes Selbstoffenbarung abtun. Das geht schon deshalb nicht, weil in den verschiedenen Offenbarungsreligionen über die Idee der Offenbarung, deren Geschichte und Gebrauch, große hermeneutische und kulturelle Unterschiede zu finden sind. Im Rahmen des Kongressthemas ist nun zu unterscheiden zwischen einerseits der Pluriformität der Religionen und Weltanschauungen in der europäischen Gesellschaft und andrerseits der Pluriformität innerhalb der verschiedenen Religionen und Weltanschauungen, die zusammen die europäische Kultur geprägt haben (besonders in Judentum, Christentum und im Islam), aber auch in der herrschenden agnostischen Kultur. Die innere Multikulturalität der religiösen und nicht-religiösen Weltanschauungen ist mit der gesellschaftlichen Multikulturalität und Pluriformität engstens verbunden, weil die innere Vielfalt der Religionen zutiefst kulturell bedingt ist.

Die Hauptthese zur Beantwortung der gestellten Frage lautet nun: Will der christliche Glaube seinem ökumenischen Auftrag in einer religiös und kulturell pluralen Gesellschaft gerecht werden, dann muss er sich seines Erbes - seiner inneren Multikulturalität und Polyzentrik, ja sogar seines gezielten Synkretismus - gerade im Bereich der Gottesvorstellungen schärfer bewusst werden. Die Nebenthese aber lautet: Dieser gezielte Synkretismus kann nur dann ökumenisch fruchtbar werden, wenn er von allen Teilkirchen auch in Wahrheit und Liebe als legitimer *christozentrischer Synkretismus* (Samartha) anerkannt und rezipiert wird.

Die erste Bedingung für dieses Ziel wäre eine grundsätzliche Revision der traditionellen Theologie der Religionen *(theologia religionum)*, die Schluss macht mit zwei immer noch gängigen christlichen Häresien – „Außerhalb der Kirche kein Heil" und „Religion ist Unglaube" - und die zugleich dem herrschenden Agnostizismus (bzw „Agnosmus") widersteht, der da sagt: „Religion ist Unsinn". Ich werde mich bei diesem katholischen Jubiläum theologisch auf die katholische Kirchengestalt konzentrieren und hoffe, mit meinem Beitrag auch die Pioniere auf dem Gebiet des interreligiösen und ökumenischen Dialogs an dieser Fakultät zu ehren, die meine Lehrer waren: A. Camps, E. Cornélis, J. Houben, B. van Leeuwen, H. van der Linde und W. van der Pol.

Im selben Jahr 1923, als die Katholische Universität Nimwegen gegründet wurde, erschien Friedrich Heilers berühmtes Buch *Der Katholizismus, seine Idee und seine Erscheinung*.[12] Nach einer historischen Beschreibung von vier epochalen Gestaltungen des Christentums anhand seiner Genien (Neutestamentliche Kirche, Alte Kirche, Mittelalter und Neuzeit) beschreibt er sieben Grundelemente bzw. Religionstypen des neuzeitigen Katholizismus, die sich aus den verschiedenen Epochen angesammelt haben. Die sind: eine primitive Volksreligion (eingegangen in Volksfrömmigkeit und Kultgestaltung), eine starre Gesetzesreligion (Glaubens- und Sittengesetz, Beichte, Strafe und Lohn, die Guten Werke, Ablässe), die politische Rechtsreligion (Kirche als Institution, Hierarchie, Papsttum), die rationale Theologenreligion (Apologetik und Dogmatik), die esoterische Mysterienreligion (Liturgie und Sakramentsfrömmigkeit), das asketisch-mystische Vollkommenheitsideal (Mönchtum, Asketismus und Mystik) und schließlich eine evangelische Heilsreligion (Reich-Gottes-Verkündigung,

---

[12] F. Heiler, *Der Katholizismus, seine Idee und seine Erscheinung* (München 1923).

Kreuzes-Theologie, Vergebungsglaube, Liebesarbeit, Gloria Dei, Schriftbezogenheit der Liturgie). Aus diesen sieben Elementen, die wir jetzt im Sinne von Clifford Geertz (The Interpretation of Cultures[13]) Kulturen nennen können, ist laut Heiler „ein Riesengebilde von sinnenverwirrender Mannigfaltigkeit" gebaut worden: „Roher Aberglaube und reinste Gotteserkenntnis, ... nüchterne Verstandestätigkeit und glühende Begeisterung, kaltes Recht und warme Menschenliebe, weltbeherrschende Macht und weltentsagende Armut, grausamer Gewissenszwang und herrliche Geistesfreiheit", zusammenfassend „Christi Braut und babylonische Hure" zugleich.[14] Was Heiler für den Katholizismus aufzeigt, gilt umso mehr für das Christentum als Ganzes und für jede Weltreligion. In ihnen sind epochale Elemente aus vielen Jahrhunderten zusammengeflossen die eine innere Multikulturalität mit sich bringen.

In seiner Antrittsvorlesung an der theologischen Fakultät sprach Titus Brandsma 1924 auf ähnliche Weise über die unterschiedlichen historischen Gottesvorstellungen im Katholizismus, nämlich vom Erlöser-Gott des Neuen Testaments, vom Friedensgott des frühkirchlichen Pazifismus, dem konstantinischen und karolingischen Kaiser-Gott, dem mittelalterlichen Richter-Gott, und dem moralischen Erzieher-Gott der Neuzeit. Dabei schlug er vor, die juristische und militärische Bildersprache vom zürnenden Gott durch Worte der Gnade, der Barmherzigkeit und der Liebe zu ersetzen.

In seiner eindrucksvollen Studie *Seven Jewish Cultures*[15] hat Efraim Schmueli gezeigt, dass auch innerhalb des Judentums eine epochale Pluriformität und Multikulturalität wirksam wurde, welche auch er in sieben Gestalten beschreibt und die je für sich einen bestimmten Umgang mit Thora und Tradition an sich haben: zunächst das mosaisch-davidische, das post-exilische und das rabbinische Judentum, dann aber auch das mittelalterlich-mystische, das philosophisch-wissenschaftliche Bildungs- und Emanzipationsjudentum der Renaissance und der Aufklärung, sowie schließlich das chassidische und das moderne zionistische Judentum. Es gibt in dieser ganzen Geschichte Ordnungsprinzipien, die die Kontinuität sicherstellen, aber zugleich auch kontextuelle Nöte, die durch Dekonstruktion und Rekonstruktion der Quellentexte epochale Kulturen schaffen. Keine von diesen epochalen Kulturen, die auch synchron nebeneinander bestanden, hat das Recht, sich als einzigen Schlüssel der jüdischen Identität oder des wahren JHWH-Glaubens aufzuspielen.

---

[13] Cl. Geertz, *The interpretation of cultures*, New York 1973, 89: "(Culture) denotes an historically transmitted pattern of meanings embodied in symbols, a system of inherited conceptions expressed in symbolic forms by means of which men communicate, perpetuate, and develop their knowledge about and attitudes toward life."

[14] *Der Katholizismus*, a.a.O. S. 596.

[15] E. Shmueli, *Seven Jewish Cultures. A Reinterpretation of Jewish History and Thought*, Cambridge 1990.

GOTT IN EINER MULTIULTURELLEN GESELLSCHAFT

In ihrem Buch *A History of God* versucht Karin Armstrong[16] im Anschluss an moderne Islam-Interpreten[17] ähnliches für den Islam. Auch der Islam kennt sehr verschiedene Traditionen, Strömungen und Kulturen: epochale Gestalten in ungleichzeitiger Gleichzeitigkeit, Einheitsbewegungen und Modernisierungsversuche, die wir zu Unrecht aus dem Blick verlieren, wenn wir über den Islam als Großreligion reden. Wilfred Cantwell Smith hat denn auch vorgeschlagen, für die historische Vielfalt der religiösen Ausdrucksformen, die sich auf dem Wege von Buddha, Mose, Jesus oder Mohammed gebildet haben, den Begriff der „Religionen" überhaupt zu vermeiden.[18]

Auch beim Phänomen des Abschieds von der Religion in einer agnostischen Kultur zeigt sich, dass man hier zwischen verschiedenen Motivationen unterscheiden muss. Mit Hans Waldenfels (in seiner Studie *Kontextuelle Fundamentaltheologie*[19]) müsste man zumindest zwischen Gottes*fehl* und Gottes*leugnung* und bei dem letzteren zwischen einem *analytischem* und einem *aporetisch-änigmatischem* Agnostizismus unterscheiden. Es gibt m.E in unserer Kultur mehr Gottesfehl als Gottesleugnung und gerade deshalb können auch Nicht-gläubige an vielen Aspekten der abrahamitischen Tradition - wie der Mystik, der Ehrfurcht vor dem Heiligen, dem Streben nach Gerechtigkeit und der Hoffnung auf eine Zukunft mit weniger Leid - Anteil haben.

Für die interreligiöse und zwischenkirchliche „Konvivenz"[20] in einer pluralen Gesellschaft, die dem frühchristlichen Zusammenleben von Juden- und Heidenchristen

---

[16] K. Armstrong, *A History of God. From Abraham to the Present: the 4000 Year Quest of God*, London 1993.

[17] Zu nennen sind z.B. Fazlur Rahman aus Pakistan (*Islam*, London, ²1979) oder der Ägypter Hasan Hanafi (*Religious Dialogue and Revolution. Essays on Judaism, Christianity and Islam*, Cairo 1977), der Algerier Mohammed Arkoun (*Lectures du Coran*, Tunis 1991), der Indonesier Nurcholis Madjid *(Islam, Doctrine and Culture: a Critical Study of the Problems of Faith, Humanity and Modernism*, Jakarta 1992) und viele mehr. Vgl. K. Steenbrink, "Tradition as an Open Consensus", in: A. Houtepen (Hg.), *The Living Tradition*, IIMO Research Publication 41, Zoetermeer 1995, 111-135.

[18] W.C. Smith, *The Meaning and End of Religion: A New Approach to the Religious Traditions of Mankind*, New York 1963.

[19] H. Waldenfels, *Kontextuelle Fundamentaltheologie*, Paderborn 1985, 118ff.

[20] Der Ausdruck ist von Theo Sundermeier, Missiologe in Heidelberg, der eine neue interreligiöse Hermeneutik vorgeschlagen hat, in der wir uns „fremde" religiöse Ausdrucksformen nicht vom unserm Standpunkt aus „aneignen", um es in unseren eigenen Kategorien „unter zu bringen" und zu „funktionalisieren", sondern um sie in ihrer eigenen Hermeneutik zu verstehen, eben als ein Fremdes, das uns etwas zu sagen und zu lehren hat: Th. Sundermeier (Hrsg.), *Den Fremden wahrnehmen. Studien zum Verstehen fremder Religionen*, Gütersloh 1992; ders., *Den Fremden verstehen. Eine praktische Hermeneutik*, Göttingen 1996. Vgl. Anm. 7: Es lässt sich natürlich fragen, ob man nicht doch lieber ein „Bekannter" sein möchte, wie es sich in

analog zu sein scheinen, bieten Wilfred Cantwell Smith und Karin Armstrong neue Denklinien. Damals wurde noch nicht vom Christentum, sondern nur von Christen gesprochen, nicht vom Judentum sondern von Juden, nicht von Heidentum sondern von Heiden. Religionen sind als solche Konstrukte von Menschen, institutionalisierte Komplexe von Heiligen Schriften, von Geboten, Sanktionen, Instruktionen und amtlichen Diensten, die das faktische Zusammenleben im ständigen Austausch der Ideen nur ungenügend widerspiegeln. Die Schriften, die Gebote und die amtlichen Dienste sind aber auch selbst keine fixierte Objekte (wie Texte, Gesetze und Protokolle). Es sind - immer neu zu öffnende und zu interpretierende - narrative Strukturen[21] die sich nur kontextuell konfigurieren lassen: ohne Verkündiger und Ausleger keine Bibel, ohne Gewissen und Richter keine Gesetze, ohne Dienstleistung keine Ämter usw. Die Konvivenz und Gastfreundschaft der Religionen und Weltanschauungen besteht nun eben darin, dass man die narrativen Strukturen gemeinsam „begeht", dass also Rabbiner, Pfarrer, Imam, und humanistischer Berater zusammen den je eigenen Text und die je eigenen Geboten lesen und im Blick auf konkrete Situationen des Lebens von Menschen auslegen.

Die genannten Autoren präsentieren uns für die Betrachtung der Christentumsgeschichte und der Vielfalt seiner Traditionen ein wichtiges Modell, aber für das ökumenische und interkulturelle Gespräch der Konfessionen und Religionen auch ein starkes Instrument. So ist es nicht sinnvoll, innerhalb der Religionen polarisierende Zweiteilungen zu konstruieren, etwa zwischen konservativen und liberalen Strömungen, zwischen Orthodoxie und Modernismus, oder zwischen Fundamentalismus und Toleranz. Vielmehr sollte sich der Dialog auf variable Koalitionen richten, die zwischen konvergierenden Traditionen innerhalb des größeren Ganzen einer Religion oder Kirche zu verbuchen sind.

V. Die fehlende Inkulturation als Ursache des Glaubensverlustes

Die heutige Welt ist dabei nicht mehr oder weniger „multikulturell" als frühere Epochen der Menschheitsgeschichte, und das Christentum ist heute innerlich nicht stärker oder schwächer als früher von vielen Kulturen geprägt. Isolierte Inselbewohner vielleicht ausgenommen, haben Menschen schon seit Tausenden von Jahren in jeder Hinsicht in multikulturellen Gesellschaften gelebt. Exogamie, Warenaustausch, Familienbesuch, Eroberungen, Hungersnöte und Unterdrückung, Pilgerfahrten, einfache Neugier und Entdeckerfreude führten uns seit jeher auf Reisen und brachten

---

einem „Konvivium" gehört und ob wir in einem „global village" einander wirklich „fremd" bleiben können.
[21] So W.C. Smith, *What is Scripture? A Comparative Approach*, London 1993.

Reisende, Migranten und Asylanten aus anderen Kulturen zu uns. Die Heiligen Schriften Israels und der frühen Jesusgemeinschaft zeugen davon, wie – gerade im Bereich der Religion - Synkretismus eher die Regel als die Ausnahme war. Die Klage der Propheten im Zweistromland, die Patriarchengeschichten mit ihren manchmal konkurrierenden Hausgöttern (vgl Gen. 31), die Exodusgeschichte von der Verehrung des Goldenen Kalbs und die vielen vergeblichen Bemühungen der Könige Israels, den monotheistischen Jahwismus[22] als einzige und exklusive Religion in Israel zu festigen und sie im Tempeldienst in Jerusalem zu zentralisieren, sie alle zeugen davon, dass die Gestalt und der Gehalt auch einer monotheistischen und mit Lehrgewalt und Tempelregeln zentralisierten Religion nicht von Einflüssen aus der Fremde freigeblieben sind.

Das gleiche gilt für das Neue Testament und die spätere Christentumsgeschichte. Ohne das Pantheon der griechischen und römischen Götter hätten wir kein Allerheiligenfest, das der Kirchweihe des römischen Pantheons durch Papst Gregor den Großen gedenkt. Ohne eine germanische Jahreszeitfeier hätten wir keine Weihnachts-, Oster- oder Erntefeste. Unsere Namen von Monaten und Tagen spiegeln römische und germanische Götterverehrung wider. Ohne solchen „Synkretismus" (nur ein anderes Wort für ständige Anpassung und Inkulturation) wäre jede religiöse

---

[22] Vgl. M. Smith, *The Early History of God. Yahveh and the Other Deities in Ancient Israel*, New York 1990; J.C. de Moor, *The Rise of Jahvism. The Roots of Israelite Monotheism*, Leuven ²1997; M. E. Mills, *Images of God in the Old Testament*, London 1998; B. Becking, M. Dijkstra (Hg.), *Eén God alleen...? Over monotheïsme in Oud-Israël en de verering van de godin Asjera*, Kampen 1998. De Moor vertritt einen frühen Monotheismus in Israel, die meisten Autoren vertreten dagegen eine allmähliche Entwicklung zum Monotheismus, die erst mit dem Zweiten Tempel zur Vollendung kam. Abgesehen von einigen Biblizisten verteidigt niemand mehr die These eines ursprünglichen Monotheismus, der durch Einflüsse aus der polytheistischen Umwelt verloren gegangen wäre. Die These von Karen Armstrong, der Monotheismus habe sich im 8. Jh. v. Chr. unter dem Einfluss einer „Jahwe-allein"-Bewegung mit Gewalt gegen einen „natürlichen" und toleranten Polytheismus durchgesetzt, übernimmt eine geläufige religionsgeschichtliche Bewertung des Monotheismus, die den Polytheismus bevorzugt, weil er friedfertiger und jedenfalls nicht exklusivistisch sei. Angesichts des Mangels von Quellen ist diese sog. „Polytheismus-These" im Religionsvergleich m.E. nicht zu beweisen; sie sagt wohl mehr aus über die Weltanschauung ihrer Verteidiger als über die Religionsgeschichte selbst. Man kann die These genauso gut umkehren und mit Hasan Hanafi (s.o. Anm. 17) sagen: "Monotheism has a function of liberating the human consciousness from the domination of matter and the oppression of any dictatorship. Its aim is the creation of an ideal consciousness, with an independent reason and will, capable of guiding the human life by the aid of revelation, i.e. guidelines for human life, without further waiting for an external divine help for believers or unbelievers". Der Monotheismus verhindert Stammeskriege, Gottkönige, den Markt der Religionen, Aberglauben, Idole und Ideologien und sollte, recht verstanden, alle Aggression zwischen Menschen eindämmen, weil eben alle nach dem gleichen Bilde Gottes geschaffen sind.

Tradition zum Tode verurteilt, denn nur mit dem je vorhandenen kulturellen Material - Sprachen, Symbole, Gesten, Gesetze, Gesänge - lässt sich ein lebendiger Gottesglaube neuen Katechumenen überhaupt vermitteln, sei es Jugendlichen innerhalb der Glaubensgemeinschaft oder auch Außenseitern aus anderen religiösen und nichtreligiösen Kulturen. Der Amsterdamer Missiologe Anton Wessels hat denn auch in seinem Buch „*Ist Europa je christlich gewesen?*"[23] die Hypothese aufgestellt, dass die faktische Säkularisierung eines Großteils der europäischen Kulturen seit 1960 mit mangelnder Inkulturation zusammenhängt. Nach Wessels leeren sich die christlichen Kirchen, weil es Kirche und Theologie nicht gelingt, in unserer westlichen Kultur an neue epistemologische und imaginative Prozesse anzuknüpfen, an wissenschaftlich-technische Lebensformen, die neue Erfahrungen der Mobilität, der Kommunikation, der digitalen Entscheidungsfindung und der neuen audiovisuellen Bildersprache. Es ist zum Beispiel doch sehr merkwürdig, dass gerade die Klöster und Pilgerorte, die sich auf die gegenwärtige Reiselust von Jugendlichen eingestellt haben, alles andere als Mangel an religiösem Interesse verzeichnen: Taizé, Bec, Montserrat, Santiago de Compostella, Czestochowa und viele mehr. Ähnliches gilt für Gottesdienste, die aus Anlass künstlerischer oder musikalischer Veranstaltungen stattgefunden haben, so in St. Séverin in Paris und in vielen Kathedralen in aller Welt.

Auf einer tieferen Ebene kann man den herrschenden Agnostizismus und Agnosmus - in seiner trivialen, nachtragenden oder auch aporetisch-enigmatischen Gestalt, bei dem jeder Bedarf an Gott einfach fehlt – als eine späte Folge der Missachtung der allmählichen Metamorphose der Gottesidee im Westen betrachten. Religionen wachsen durch gelungene Inkulturation, sie sterben aus durch verpasste Inkulturation. Die sogenannte Säkularisierungsthese beinhaltet die ernste Frage an das europäische Christentum, weshalb es die Kultur der Moderne nicht in sich aufnehmen konnte, während die Kultur der Prämoderne es zur höchsten Blüte brachte. Der Aufruf des Papstes Johannes Paulus II. in seiner wichtigen Enzyklika *Fides et Ratio* aus dem Jahre 1998, die Verbindung von Glauben und Wissen, Philosophie und Theologie wieder herzustellen, um dem Nihilismus und der postmodernen Skepsis zu entkommen, kommt 200 Jahre nach Kants Aufruf „Was ist Aufklärung?"(1798) reichlich spät. Dennoch stellt er im Kontext eines postmodernen, sich neu anbahnenden Polytheismus und Pantheismus einen erfreulichen Beitrag dar im Bemühen, „Gott im Bereich des Denkens wieder zur Sprache zu bringen". Wird es in unserem Denken, gerade auch im Blick auf den aktuellen Pluralismus der Religionen und Weltanschauungen, mit dem wir leben, nicht Zeit, wieder „Fenster zu Gott hin" zu öffnen? Es sollte wenigstens deutlich werden, was wir ungesagt und unbedacht lassen, wenn wir gegenüber der Gottesfrage eine wissenschaftliche Allergie entwickeln.

---

[23] A. Wessels, *Europe: Was It Ever Really Christian?*, London 1994.

VI. Fenster zu Gott hin

Diese Allergie ist übrigens sehr gut zu erklären. Zu lange haben wir Gott - genauso wie die Offenbarung, die Bibel, die Gebote, die Sakramente und die Ämter - als Objekt unter Objekten gesucht. Wir haben Gottes Majestät im Komparativ einer mechanischen Logik umschrieben (erster Beweger, letztes Ziel, vollendetes Sein, größte der Mächte, absoluter Geist) und so Gott zu einem Faktor, zum allumfassenden Faktor der Natur und der Geschichte gemacht. Weder der Gott, der die erste Ursache ist, noch der Gott, der das Ziel und der Horizont unseres Daseins ist, hat die Religionskritik der Neuzeit überlebt. Daraufhin haben wir Gott als das Subjekt der Subjekte gesucht, als Legitimator unserer Freiheit und Selbst-Entfaltung, als treibende Kraft des autonomen Menschen, als ein Gott im Tiefsten meiner Gedanken. Die Ich-Kultur und der Gotteskomplex, die sich daraus entwickelt haben, haben sich im Laufe der Zeit aus der Gottesvorstellung emanzipiert; die Psychotherapie hat die religiösen Mythen als Beklemmung und Krampf des gesunden Selbst demaskiert. Gibt es dennoch Ausblicke aus das Göttliche, Fenster zu Gott hin?

Es gibt sie vielleicht dort, wo wir Menschen uns nach etwas ausstrecken, das uns treibt, nach etwas fragen, das uns ruft, auf etwas vertrauen, das uns geschenkt werden muss, uns dem entgegenstellen, was sich dem Guten entgegenstellt, einander vergeben, wo wir einander nur schuldig sind.

In allen Religionen und Weltanschauungen gibt es diese Fenster dort, wo wir uns dem unantastbaren und unfassbaren Heiligen nur in Ehrfurcht nähern können, so beim Anfang und Ende des Lebens, beim souveränen Anruf des Opfers um Hilfe und Gerechtigkeit, beim Aufruf zum Guten und zu einer Wahrheit, der wir uns nicht ohne Schuld und Lüge widersetzen können, beim Einsatz für die Stimmlosen, die keinen Anteil haben an unserer argumentativen Kommunikation und prozeduralen Rationalität, beim Respekt vor der Integrität der Person und der Abkehr von Gewalt, beim Spiel der Lust in der Liebe, die uns geschenkt wird und die wir beim Partner weder produzieren noch bewirken können, kurz: bei der Beobachtung der Gebote Gottes im Dialog.

Es gibt diese Fenster zu Gott hin auch dort, wo wir die Determinismen von Natur und Geschichte als offene Chancen, als *kairos* der Technik und als *charisma* von Menschen aufgreifen können, wo Befreiung stattfindet aus Diktatur und Unterdrückung, wo verhandelt wird anstatt Gewalt zu üben, wo wir mit Vernunft Leben und Umwelt schonen können anstatt sie aus Begierde nach Besitz zu vergewaltigen.

Es gibt diese Fenster dort, wo wir zur Einsicht geraten, dass die Namen Gottes - JHWH, Abba, Ruach, Allah - nur auf den einen Gott verweisen, dem Abraham und Moses, Jesus und Mohammed dienen und den sie verehren wollten. Es gibt sie, sobald wir erkennen, dass der Vater Jesu Christi kein anderer sein kann als der Ungesehene JHWH des Mose und der Barmherzige der Barmherzigen, den Allah des Mohammed; wenn wir also begreifen dass die Ruach Gottes weht in Israel, in der Kirche, aber auch in der Umma des Islams und ferner überall dort, wo Menschen sich von Gottes Atem geleitet und verlebendigt wissen.

Es gibt die Fenster dort, wo wir verstehen was das alte Dictum *extra ecclesiam nulla salus* eigentlich bedeutet: nicht, dass es außerhalb der Kirche Christi kein Heil gebe, sondern dass es die Kirche Christi nicht erträgt, wenn einzelne Glieder das Heil nur für ihre Gruppe oder ihre Meinung beanspruchen wollen, wenn sie überdies die Sünder - ohne Chance auf Vergebung - aus ihrer selbstgebauten Gemeinschaft der *perfecti* (der Vollkommenen) ausbannen wollen, wie es *Cyprian* (gest. 258) der Gruppe um Donatus vorwerfen musste.

Es gibt solche Fenster zu Gott hin, wenn wir begreifen, dass der von K. Barth verwendete Ausdruck „Religion ist Unglaube" genauso gut für „Religion" im Christentum gilt und dass mit Religion hier die menschliche Verführung gemeint ist, die Verbindung mit Gott auf eigene Faust zu protokollieren. Es gibt solche Fenster zu Gott hin, wenn wir es lernen, dort eine *theologia religionum* zu erarbeiten, wo die Einzigartigkeit des Christusgeschehens (nämlich Kreuz und Auferstehung) den anderen Religionen, die dieses Ereignis so nicht kennen, nicht zur Demütigung angerechnet, sondern als Anfrage an deren Heilsverständnis angeboten wird. Es gibt diese Fenster dort, wo wir verstehen, dass die agnostischen Aussagen „Gott ist tot" und „Religion ist Unsinn" nicht irgendwelche Transzendenzerfahrungen, irgendein Bewusstsein des Endlichen und des Unendlichen leugnen, sondern immer konkrete Gottesanschauungen und Religionsformen im Blick haben, die – obwohl jetzt schon Anachronismen - Menschen schädigen konnten, ohne anderen wirklich zu helfen.

So ist Gott gegenwärtig in einer multikulturellen Gesellschaft von Glaubenden und Nicht-Glaubenden, sobald die Frage nach Gott als eine ernste Form des Denkens wieder ernstgenommen wird und wo wir in einem anhaltenden Lernprozess zusammen mit anderen nach Gott ausschauen, dies im Bewusstsein unserer Synkretismen und der epochalen Wandlungen unserer Vorstellungen und Begriffe von der „begreiflich unergreifbaren"[24] Gotteswirklichkeit.[25]

---

[24] Per Lønning, *Der begreiflich Unergreifbare. „Sein Gottes" und moderne theologische Denkstrukturen*, Göttingen 1986.
[25] In meinem Buch *Gott, eine bleibende Frage* ,Gütersloh 1999, habe ich diese „Fenster auf Gott"

VII. Eine kritische Hermeneutik

Auf eine kritische „Hermeneutik des Argwohns" (die wir gelernt haben, gegen jeden religiösen „Sekurismus" ins Spiel zu bringen) können wir in einem multikulturellen Lebensklima aber genau so wenig verzichten wie auf eine „Hermeneutik des Vertrauens" gegenüber einem drohenden „Skeptizismus". Wer die Hermeneutik als solche aus dem religiösen Bereich heraushalten möchte, um eine „*old time religion*" wiederherzustellen (wie es in manchen fundamentalistischen Strömungen in Judentum, Islam und Christentum geschieht) oder aus romantischer Ehrfurcht für das Lokale, das Fragmentarische und das Fremde, fördert den „Untergang des Denkens", wie Alain Finkielkraut es nannte[26], und somit ein neues religiöses Gewaltpotential, das schon einmal seine Blutspur durch die europäische Geschichte gezogen hat. Ausschließung und Anathema, Bann und Gewalt gehören nicht zu der Majestät Gottes, denn in Gott ist keine Gewalt: Gott will nicht den Tod des Sünders, sondern dass er sich umkehre und lebe. Die ökumenischen und interreligiösen Dialoge sind ein notwendiges Instrument solch lebendiger Hermeneutik und müssten, statt missachtet und abgeschrieben zu werden, zu einem neuen Aufbau des theologischen Lehrbetriebs und der pastoralen Ausbildung führen. Sie sollten sich dann aber stärker auf die allen gemeinsame, ungemein spannende Gottesfrage konzentrieren und in dieser Frage die Mithörer einer agnostischen Kultur nicht vergessen.

Zum Schluss

Unabhängig von Kirche und Konfession, aber zugleich im Dienste von deren Glaubwürdigkeit, hat eine wirklich katholische Theologische Fakultät so eine gesellschaftliche Funktion zu erfüllen, die auf soziale Kohäsion, auf die Solidarität mit Allochthonen und Autochthonen, auf die Achtung der Menschenrechte und des gesellschaftlichen Friedens ausgerichtet ist, dies *ad majorem Dei gloriam*.

---

ausführlicher dargestellt und versuche, sie anhand zeitgenössischer Philosophie und Theologie zu belegen.

[26] A. Finkielkraut, *La défaite de la pensée*, Paris 1987.

KARL-JOSEF KUSCHEL

ABRAHAMS KINDER
DAS CHRISTLICHE GOTTESVERSTÄNDNIS ANGESICHTS DER HERAUSFORDERUNG VON JUDENTUM UND ISLAM

Das Judentum gibt es als lebendige Gemeinschaft mit einem unverwechselbaren Glaubensprofil seit der Rückkehr des Volkes Israel aus dem Exil von Babylon im Jahre 538 v.Chr.: also seit rund 2500 Jahren. Alle Katastrophen hat das jüdische Volk überlebt. Selbst die größte, die in Europa von Deutschen organisierte und durchgeführte Massenvernichtung mit vielen Millionen Toten, hat dieses Volk nicht auslöschen können. Es lebt – seit dem Jahre 1948 auch wieder in der Form staatlicher Selbstorganisation im Lande Palästina. Es lebt – in seinem gläubigen Teil – als Volk Gottes im Lande Gottes die Gebote Gottes. Das Judentum – es kennt eine Form der Gottesverehrung von bewundernswerter Kontinuität, Vitalität und Dynamik. Welch eine rätselhaft-eigenartige Erscheinung der Religionsgeschichte: anders als Islam und Christentum keine Hunderte von Millionen umfassende multinationale Größe, und doch eine geistig-moralische Kraft von weltgeschichtlicher Bedeutung.

In den Jahren zwischen 610 und 632 empfing auf der arabischen Halbinsel ein Mann das, was er „Offenbarungen" nannte. Nach anfänglichen Krisen, Niederlagen und Katastrophen gelingt es diesem Propheten, Mohammet, eine Gemeinschaft zu konsolidieren, und spätestens seit der Hidschra, der Übersiedlung von Mekka nach Medina, im Jahre 622 sprechen wir vom Islam als einer Glaubensgemeinschaft mit einem unverwechselbaren Profil, einer eigenen Praxis und einem eigenen Geschick. Ja, es gehört bis heute zu den großen Rätseln der Religions- und Weltgeschichte, warum gerade diese Religion in nur wenigen Jahrzehnten sich über die gesamte damals bekannte Erde verbreiten konnte: vom Indus im Osten über ganz Nordafrika bis nach Spanien und Frankreich im Westen. Heute erstreckt sich die muslimische Gemeinschaft vom größten islamischen Staat dieser Erde, Indonesien, bis hin nach Marokko, umgreift fast den gesamten mittleren Gürtel der Erde und zählt nominell eine Milliarde Anhänger. In Deutschland leben gegenwärtig rund 3 Millionen Muslime, in ganz Europa 12 Millionen. Hochrechnungen besagen, dass es im Jahre 2020 40 Millionen sein werden. Den Islam: ihn gibt es in der Geschichte der Menschheit seit 1400 Jahren für Hunderte von Millionen von Menschen.

I. Identität durch Konfrontation

Jahrhundertelang wurde in allen Glaubensgemeinschaften eine Theologie der Konfrontation getrieben. Identität glaubte man nur durch Ausgrenzung bestimmen zu können, nach der Devise: Ich weiß, wer ich bin, weil ich weiß, wogegen ich bin. Ich bin Christ, weil ich auf gar keinen Fall ein Jude oder ein Muslim, ich bin ein Jude, weil ich auf gar keinen Fall ein Christ und ein Muslim, ich bin ein Muslim, weil ich auf gar keinen Fall ein Jude oder ein Christ sein kann.

– So wurden im Judentum die anderen Religionen vor allem dazu benutzt, die ursprüngliche Legitimität des eigenen Glaubens immer wieder neu zu rechtfertigen. Christentum und Islam galten orthodoxen Juden als sektiererische oder häretische Abspaltungen. Und wenn es auch in orthodox-rabbinischer Theologie Möglichkeiten der Koexistenz gab, so stand doch dies eine in jedem Fall fest: das christliche und muslimische Glaubenszeugnis war für einen orthodoxen Juden irrelevant. Um seinen Gottes gewiss zu sein, braucht man weder die Erfahrungen des Christentums noch des Islam.

– Im Christentum war man jahrhundertelang wie selbstverständlich der Überzeugung: „Außerhalb der Kirche kein Heil" (Konzil von Florenz 1442). Der Nichtchrist ist der verlorene Mensch! Auch die Reformation hatte in Sachen Religionstheologie keinen Fortschritt gebracht, ging es doch der Reformation vor allem um konkrete Christenfreiheit, nicht um allgemeine Religionsfreiheit. Die ist denn auch ein typisches Produkt erst der Moderne. Dass vor diesem Hintergrund eine positive religiöse Wertschätzung gerade auch von Judentum und Islam nicht aufkommen konnte, versteht sich von selbst. Das Judentum als Religion vor Christus galt von jeher als überholt, ja verworfen. Der Islam als Religion nach Christus galt als eine unter dem Einfluss des Teufels zustande gekommene Form christlicher Häresie oder als ein durch Missionsanstrengungen bis hin zum Kreuzzug zu beseitigendes Heidentum. Beide Religionen wurden seit dem Mittelalter und der Reformation von Christen betrachtet als Produkte von Irrglauben, Unglauben und Werkgerechtigkeit.

– Auch im Islam tat man sich jahrhundertelang schwer, mehr als eine triumphalistisch-herablassende Grundhaltung zu Angehörigen anderer Glaubensgemeinschaften einzunehmen. Zwar unterscheidet schon der Koran zwischen Andersgläubigen (Juden und Christen) und Ungläubigen (Götzendiener) und findet anerkennende Worte über die „Leute der Schrift", die „Schriftbesitzer", also über Juden und Christen. Aber von Anfang an wurden beide in muslimischen Gesellschaften rechtlich diskriminiert. Darüber hinaus untermauerten muslimische Exegeten im Laufe der Zeit den Absolutheitsanspruch des Islam als exklusivem Heilsweg mit Hilfe einer Exegese der Aufhebung und Überholung früherer Offenbarung (Abrogation und Supersession), die ähnlichen Modellen christlicher Theologen in nichts nachstand. Und niemand gibt sich Illusionen darüber hin, dass es auch im gegenwärtigen Islam (zumal in den arabischen Stammländern) einflussreiche Vertreter gibt, die öffentlich wirksam eine aggressive Haltung gegen Juden und Christen einnehmen, die apologetisch-polemische Tradition islamischer Theologie fortsetzen und eine Totalkonfrontation mit den anderen Religionen betreiben.

Anders gesagt: Jahrhundertelang hat man in den jeweiligen Glaubensgemeinschaften sein Gottesverständnis absolut gesetzt. Und absolut heißt: Ohne Rücksicht auf Gotteserfahrungen außerhalb der eigenen Religion. Identität profilierte man mit dem Rücken zu den anderen, auf Kosten aller anderen. Die eigene Wahrheit konnte umso heller strahlen, je mehr man sie von einer grauen oder schwarzen Folie von Teilwahrheiten oder Unwahrheiten abhob.

In allen prophetisch-monotheistischen Religionen fehlt uns deshalb eine umfassende konstruktive Theologie des jeweils anderen. Fehlt uns ein aus der religiösen Betroffenheit kommendes Nachdenken darüber, warum Gott für die Menschheit diesen und nicht einen anderen Weg gewählt hat. Warum er die Existenz dieser drei Religionen miteinander, gegeneinander, jedenfalls nicht ohne einander wollte. Die theologisch eigentlich brennende Frage müsste lauten:

- Für einen Juden: Warum ist der Weg Israels, wie er in der Tora vorgegeben wurde und später im Talmud für das Volk ausdifferenziert wurde, nicht der gesamte Weg für die Menschheit geworden? Warum wollte Gott für die anderen Völker einen anderen Weg? Und was bedeutet die Tatsache, dass derselbe Gott sich den Völkern auf eine andere Weise als Israel geoffenbart hat, für das Glaubensverständnis eines Juden? Jesus von Nazareth und der Prophet Mohammed – nur dürre Äste am Stamme Abrahams und Moses?

- Für Christen kommt die eigentlich beunruhigende Glaubensfrage aus einer doppelten Fassungslosigkeit. Im Blick auf Israel: Wie war es möglich, dass die Kirche fast 2000 Jahre lang eine Enterbungstheologie gegenüber Israel betreiben konnte, einen Antijudaismus nährte, der, als er sich im 20. Jahrhundert mit einem rassischen Antisemitismus verband, das Volk Israel beinahe ausgelöscht hätte – mit der Kirche als Zuschauerin! Warum musste erst der Holocaust Christen die Augen dafür öffnen, dass Israel einen eigenen Weg vor Gott gehen darf und gehen muss und dass Missionsversuche an Israel – insbesondere nach der Shoa – eine schlimme Form der Blasphemie sind? Und mit Blick auf den Islam: Warum wollte Gott, nachdem doch im Christusereignis und mit der Durchsetzung der Kirche als weltpolitischer Größe zwischen Gott und der Menschheit alles „geregelt" zu sein schien, eine neue Offenbarungsreligion? Bis heute spürt man fast jeder christlichen Theologie die Unfähigkeit oder Hilflosigkeit an, mit einer solchen Religion nach Christus konstruktiv umzugehen, einer Glaubensgemeinschaft, die neben der Kirche seit 1400 Jahren Gott auf andere Weise bezeugt und die Hunderte von Millionen Menschen auf eine andere Weise mit Gott verbindet als über den Christusglauben. Der Großteil christlicher Theologie reagiert denn bis heute entweder arrogant oder ignorant auf den Islam. Diese Religion wird entweder als primitive, zurückgebliebene Form des Christentums von oben herab belächelt oder für die christliche Offenbarungstheologie völlig ignoriert. Dass aber die Existenz einer Offenbarungsreligion nach Christus Christen nicht gleichgültig lassen kann, hat der gegenwärtige Erzbischof von Mailand, Carlo Maria Martini, im Jahre 1990 einmal ausdrucksvoll so umschrieben:

> „Was haben Christen vom Islam zu denken? ... Warum hat Gott erlaubt, dass der Islam als einzige große geschichtliche Religion sechs Jahrhunderte nach Christus entstanden ist, zumal einzelne der ersten Zeugen ihn für eine christliche Irrlehre hielten, einen abgeschnittenen Ast vom einzigen und identischen Baum? Welchen Sinn im göttlichen Plan kann das Entstehen einer Religion haben, die in gewisser Weise dem Christentum näher steht als die anderen geschichtlichen Religionen, gleichzeitig so kämpferisch, derart fähig zur Eroberung, dass einige befürchten, sie könne mit der Kraft ihres Zeugnisses viele Proselyten machen in einem Europa, das entkräftet und ohne Wert ist?" („Wir und der Islam", in: CIBEDO 5, 1991, S. 1-11).

– Für Muslime lautet die theologische Grundfrage ähnlich: Wenn der Islam die definitive, alles überholende Offenbarung Gottes in der Geschichte der Menschheit ist, warum ist dann auch nach 1400 Jahren die gesamte Menschheit nicht muslimisch? Warum ließ ein und derselbe Gott, der die definitive Offenbarung dem Propheten Mohammed überantwortete, die anderen Glaubenszeugnisse von Juden und Christen nach wie vor zu? Warum neben dem Islam ein lebendiges Judentum, eine nicht weniger lebendige Christenheit – von den anderen Religionen indischen und chinesischen Ursprungs gar nicht zu reden? Wie also das islamische Glaubenszeugnis leben, obwohl Gott offensichtlich auch noch andere Zeugnisse seiner selbst für legitim erachtet?

Doch das Erstaunliche ist: Selbst in der jüdischen, christlichen und islamischen Theologie der Gegenwart sind diese Fragen weitgehend ignoriert, was denn der Gottesglaube des anderen für den je eigenen Glauben an Gott bedeute. Kann es aber für einen orthodoxen Juden wirklich gleichgültig sein, ob es eine gottgewollte Freiheit von Tora und Halacha gibt, wie Christen und Muslime sie behaupten? Kann es für einen gläubigen Christen wirklich gleichgültig sein, ob es einen Gottesglauben ohne die ausdrücklichen Gebote und Verbote Gottes gibt, ein Leben nach der Tora, in der Juden ja nicht beliebige Vorschriften, sondern die Weisungen Gottes erkennen? Kann es für Christen gleichgültig sein, dass ein Prophet aufstand, der im Namen

Gottes Menschen aufforderte, noch einmal anders zu leben? Kann es wirklich für einen Muslim gleichgültig sein, dass Juden und Christen, die er mit seiner Offenbarung „überholt" zu haben meint, ihrerseits definitive Wahrheitsansprüche behaupten, so dass zumindest die Selbstverständlichkeit seiner Glaubensentscheidung in einer ständigen doppelten Legitimationskrise steht? Es wäre an der Zeit, aus der Perspektive des jeweils eigenen legitimen Glaubenszeugnisses heraus die Existenz des anderen vor Gott mit zu bedenken. Ist es doch ein und derselbe Gott, der die Geschichte und Geschicke der Religionen so und nicht anders wollte. Ein Denken nach dem Simultanitäts-Prinzip ist verlangt, nicht länger nach der Superioritäts-Prinzip. Eine Theologie wäre vonnöten, welche es Menschen in den Religionen argumentativ ermöglicht, den eigenen Wahrheitsanspruch aufrechtzuerhalten, ohne andere Wahrheitsansprüche auszuschließen oder gar zu verteufeln.

II. Das biblische Wurzelgeflecht: Noah – Abraham – Ismael – Jesus

Bei der Suche nach Verbindungen kommt der Rekonstruktion der Ursprünge eine paradigmatische Bedeutung zu. Und da ist es ein seltsames Faktum der Religionsgeschichte, dass sich aus der Rekonstruktion des uralten biblisch-koranischen Wurzelwerkes für die Verbundenheit von Juden, Christen und Muslimen auch heute noch viel gewinnen lässt. Ich lasse dabei alle historisch-kritischen Details der Exegese hier beiseite. Historisch ist ohnehin bei den im folgenden zu verhandelnden Geschichten so gut wie nichts zu rekonstruieren. Ich nehme die Gestalten, die in den folgenden biblischen Geschichten im Zentrum stehen, in ihrer universalgeschichtlichen theologisch-symbolischen Bedeutung, verbindet sich mit ihnen doch eine mächtige, theologisch motivierte Wirkungsgeschichte in Judentum, Christentum und Islam. Ja, die Freilegung dieses biblisch-koranischen Wurzelwerkes verschafft einer Theologie, die in interreligiösen Beziehungen denken will, überhaupt erst die notwendige Legitimität. Eine Schlüsselbedeutung kommt dabei den Gestalten Noah, Abraham und Ismael zu. Aus Raumgründen kann ich das Folgende hier nur skizzieren und verweise zur Vertiefung auf die am Ende dieses Beitrags angegebene Literatur.

1. Heil für andere im Zeichen Noahs

Im Gegensatz zum Christentum hat sich im Judentum nie ein orthodoxer Glaubenssatz wie der entwickelt: Außerhalb Israels kein Heil. Auf diese Weise hat das Judentum von vornherein jede missionarische Aggressivität gegenüber anderen Religionen vermieden. Im Hintergrund dafür steht die Gestalt des Noah. Nach den biblischen Berichten hat Gott ja mit Noah, dem Stammvater »aller Völker der Erde« (Gen. 9,19), einen ersten Bund geschlossen: die Selbstverpflichtung auf Erhaltung der gesamten Schöpfung. Zugleich hatte Gott Noah und seinen Söhnen konkrete Gebote und Verbote aufgetragen (Gen. 9,4-6). Im Diskurs rabbinischer Gelehrter nun werden diese Gebote, die sogenannten Noachitischen Gebote, als Auftrag Gottes für die gesamte Menschheit verstanden, da ja das ganze Menschengeschlecht von Noah und dessen Söhnen abstammt. Sieben Vorschriften sind es, und nach rabbinischer Auffassung ist die gesamte Menschheit verpflichtet, diese sieben Gebote einzuhalten: Verbot von Vielgötterei und Blasphemie, Verbot von Mord und Raub, Verbot von Unzucht und Brutalität gegen Tiere sowie das Gebot, Gerichtshöfe zur Regelung von Rechtsstreitigkeiten einzurichten.

Theologisch entscheidend dabei: Halten die Menschen aus den Völkern sich an diese Gebote, können sie nach orthodox-jüdischer Auffassung als Gerechte »Anteil an der kommenden Welt« erhalten. Niemand also muss Jude werden, um das Heil zu erlangen. Israel allein ist verpflichtet, alle 613 Gebote und Verbote der Tora einzuhalten. Für die Menschen aus den Heidenvölkern genügen die sieben Noachitischen Gebote. Für die interreligiöse Dialogfähigkeit des Judentums ist damit die Grundlage gelegt. Auch Christen und Muslime, ja alle Menschen, können als »Söhne und Töchter Noahs« bezeichnet werden, wenn sie die Gebote Noahs einhalten. Die Noachitischen Gebote verbinden also Juden und Nichtjuden, ja, sind der eigentliche Beitrag des Judentums zu einem kultur- und religionsübergreifenden Menschheitsethos.

2. Segen für die Völker: Abraham

Nach Aussagen des Buches Genesis hat Gott Abraham diese Verheißung gegeben:
„Ich werde dich zu einem großen Volk machen, dich segnen und deinen Namen groß machen. Ein Segen sollst du sein. Ich will segnen, die dich segnen; wer dich verwünscht, den will ich verfluchen. Durch dich sollen alle Geschlechter der Erde Segen erlangen." (Gen 12,2f.)

Nach dem Glaubenszeugnis Israels sagt Gott also durch Abraham allen Völkern der Erde Segen zu. Genauer: Segen und Fluch für die übrigen Völker hängen offensichtlich von ihrer Stellung zu Abraham (und damit letztlich zu Israel) ab. Denn Gott will sich den anderen Völkern offensichtlich nun einmal nicht anders als durch Abraham/Israel vermitteln. Abraham/Israel wird damit zum Segen für alle Geschlechter der Erde, wenn sich diese zu ihm „segnend", d.h. anerkennend, freundschaftlich verhalten, und zum Fluch, wenn umgekehrt. Ein gegenseitiges Abhängigkeitsverhältnis zwischen Abraham/Israel einerseits und den Völkern der Welt andererseits ist damit geschaffen. Das Schicksal der Völker hängt mit dem Schicksal Israels zutiefst zusammen.

Diese universale Dimension des Abraham-Segens haben Christen in ihrem Zeugnis zu Jesus Christus aufgenommen, der selber ein „Sohn Abrahams" ist, wie es im allerersten Satz des Neuen Testamentes bereits heißt (Mt 1,1). Denn der Glaube an Jesus Christus hat es zahlreichen Völkern ermöglicht, mit der Wirklichkeit des wahren Gottes konfrontiert zu werden und Menschen zu Abrahams Kindern zu machen, die nicht schon aus Israel stammen. Auf diese Weise haben Christen dem universalen Abrahams-Segen zu neuer Universalität verholfen. Biblisch gesprochen: Die Christenheit nimmt durch ihren Glauben an Jesus Christus Anteil an der Bundes- und Segensgeschichte Gottes für sein auserwähltes Volk. Israel und die Kirche sind durch Abraham aufs engste miteinander verbunden.

3. Segen auch für Ismael: Folgen für den Islam

Von der Gestalt Abrahams her fällt auch ein Licht auf den Islam, insbesondere von Ismael her, den Abraham-Sohn mit der ägyptischen Sklavin Hagar. Von ihm leiten bekanntlich die Muslime ihren Anteil an Abrahams Segen ab. Sie betrachten den Islam als Wiederherstellung der „Religion Abrahams". Dabei ist es das epochale Verdienst des wohl größten katholischen Orientalisten dieses Jahrhunderts, des Franzosen Louis Massignon, dass er uns im Blick auf eine christliche Theologie des Islam die Augen geöffnet hat für das, was er das »Mystère d'Ismael" nannte. Die Ismael-Texte aus Genesis 16 und 21 sind denn auch nach meiner Überzeugung der Schlüssel für eine jüdische und christliche Theologie des Islam, die im Lichte der gegenwärtigen weltpolitischen Entwicklung eine erregende Faszination haben. Ich fasse knapp das Wichtigste zusammen:

(1) Schon die physische Existenz dieses Abraham-Sohnes steht unter Gottes besonderem Schutz. Denn nach Aussagen der Genesis sollte Ismael zweimal vertrieben und damit vernichtet werden. Dass er überlebt hat, entspricht also nicht des Menschen Absicht, sondern Gottes Plan. Gott will ausdrücklich, dass dieser Sohn lebt, nicht weniger wie der zweite Sohn, Isaak, der ebenfalls vor der Vernichtung durch Gott bewahrt wurde.

(2) Ismael, der Stammvater des Islam, trägt das Bundeszeichen Gottes. Denn Abraham hatte an dem 13jährigen Ismael die Beschneidung vollzogen (Gen 17,23-26). Das ist theologisch von erheblicher Bedeutung. Denn mit der Aufbewahrung dieser Geschichte hat Israel selbst sich auf die Aussage festgelegt: Bevor Ismael, der spätere Stammvater der arabischen Stämme, verstoßen wird, trägt er nach Gottes Willen das Zeichen des Bundes. Er ist damit von vornherein hineingenommen in Gottes Bund mit Abraham, Sara und Isaak. Was umgekehrt heißt: Israel kann seine Bundes-Erwählung nicht verabsolutieren. Auch andere Abrahams-Kinder sind von Gott ausgezeichnet worden.

(3) Nicht nur Isaaks, auch Ismaels Geschichte steht unter Gottes Segen. Denn Fruchtbarkeit und zahlreiche Nachkommenschaft werden auch Ismael in Aussicht gestellt – und zwar mehrfach:

„Auch was Ismael angeht, erhöre ich dich. Ja, ich segne ihn, ich lasse ihn fruchtbar und sehr zahlreich werden. Zwölf Fürsten wird er zeugen, und ich mache ihn zu einem großen Volk." (Gen 17,20)

Damit ist jeder Segens-Exklusivismus Israels aufgebrochen – und zwar nicht nur durch die Existenz der Abraham-Kinder in der Nachfolge Jesu Christi, sondern auch durch die Existenz der Abraham-Kinder in der Nachfolge Ismaels, in der Nachfolge des Propheten.

Seltsam zu denken: Im Schicksal dieses ersten Abraham-Sohnes spiegelt sich bereits das zwiespältige Verhältnis von Juden und Christen zu ihrer Bruderreligion Islam. Denn viele Jahrhunderte lang war es in Judentum und Christentum fast unmöglich, sich mit der Existenz der Nachkommen Ismaels abzufinden. Zunächst schienen diese Ismael-Kinder wie alle anderen „Ungläubigen" und „Heiden" zu sein; und doch sind sie über Abraham mit der biblischen Glaubensgeschichte verknüpft.

Hinzu kommt die spezifisch christliche Glaubenserfahrung. Zu ihr gehört, dass mit Tod und Auferweckung Jesu Christi eine Wende der Zeit, eine Geschichtswende eingetreten ist. Gerade in der Theologie des Apostels Paulus bilden Kreuz und Auferweckung Jesu Christi das Zentrum allen Nachdenkens über Gott sowie die Zukunft von Schöpfung und Geschichte. Nach Paulus ist ja der von Gott aus dem Tod Erweckte zugleich der Erhöhte, der Herr, der als Weltenrichter bald, noch zu Lebzeiten des Apostels, zurückkehren wird. Auferweckung und Erhöhung des Gekreuzigten aber bedeuten für Paulus eine Wende der Zeit, den Herrschaftsantritt Christi über die Welt.

Wenn aber die Geschichte Gottes mit der Menschheit nach der Erhöhung des Gekreuzigten und nach der Sendung des Geistes nicht mehr abgesehen von Christus verstanden werden kann, dann gilt dies auch für die Deutung der weiteren Welt- und Religionsgeschichte. Dann ist alle Geschichte nach Christus eine Geschichte mit und durch Christus. Er ist ja als der erhöhte Herr im Geist und als Geist universal präsent. Es gibt – christlich gesprochen – keine Geschichte, die nicht von diesem Geist Gottes, der auch der Geist des erhöhten Christus ist, durchdrungen wäre. Und dies bedeutet für eine christliche Deutung des lebendigen Judentums und des lebendigen Islam: Ihre Existenz ist zu verstehen als Zeichen in der Geschichte Gottes mit der Menschheit, ein Zeichen, das Christen zu Demut vor Gott ermahnt, dem man aber auch – gemäß dem Maßstab Jesu Christi selber – überall dort widersprechen muss, wo die Botschaft des Evangeliums verdunkelt, unterdrückt oder verraten wird.

Für Christen ist also die Existenz von Judentum und Islam Ausdruck des Willens Gottes. Eines Gottes, der für Israel mit Abraham einen Bund schloss; der in Abraham die Völker der Welt segnete und der durch den Abraham-Sohn Jesus Christus, den Gekreuzigten und Auferweckten, im Geist und als Geist die weitere Geschichte bestimmt und beherrscht. In biblischer Sprache ausgedrückt: Der Gott Abrahams und Saras ist auch der Gott Ismaels und Hagars und auch der Vater Jesu Christi und der Maria. Und man kann in der Tat als Christ und Jude mindestens darüber nachdenken, was es bedeutet hätte, wenn Judentum und Christentum sich in den ersten Jahrhunderten nicht als gespaltene, sich feindlich gegeneinander abgrenzende Größen definiert und verhalten hätten: Wäre es dann zur Entstehung des Islam gekommen? Die Fragen und Hypothesen, die der katholische Theologe Gerhard Lohfink jüngst in seinem Buch „Braucht Gott die Kirche?" (1998) gestellt hat, will ich wenigstens erwähnen, um sie meinerseits dem theologischen Diskurs zuzuführen:

„Man wird dem Islam keinesfalls gerecht, wenn man seine Entstehung als ein vom Judentum und der Kirche unabhängiges Ereignis ansieht, das den arabischen Stämmen eine für sie passende Religion geben wollte. Der Islam ist die dritte monotheistische Religion, und er erhebt den Anspruch, der wahre Erbe Abrahams zu sein. Hätte er entstehen können, wenn Judentum und Christentum eins gewesen wäre und das eine übernationale Gottesvolk lebendig bezeugt hätten? ...

Entscheidend bei alldem (der Entsehung des Islam) war: Von dem vorfindbaren Judentum und Christentum hielt Mohammed nicht viel. Er sah beide als halb heidnisch an. Das heißt aber: Er scheiterte an dem gespaltenen Gottesvolk.

Und die katholische Kirche scheiterte am Islam. Entgegen der Bergpredigt versuchte sie, ihn mit Kreuzzügen zu überwinden, die am Ende die Trennung zwischen Rom und Konstantinopel verfestigten und zudem noch neuen Judenhass schürten. Jedem größeren Kreuzzug des 12. Jahrhunderts ging irgendwo in Europa eine Judenverfolgung voraus. Die Kreuzfahrer wollten an den Muslimen die Inbesitznahme des ‚Erbes Christi' rächen und an den Juden die Kreuzigung Christi. Dabei wäre für die Kirche die einzig sachgerechte Art, dem Islam zu begegnen, der Geist Jesu gewesen und die Brüderlichkeit zwischen Israel und der Kirche." (363.363f.)

III. Ansätze zu einer Theologie des anderen bei Juden und Muslimen

Es ist unbestreitbar: Im Verlauf der Jahrhunderte hat es in allen drei Religionen exklusivistische Tendenzen gegeben. Juden haben den von Abraham ursprünglich ausgehenden universalen Segen für alle Völker auf einen Volkssegen für Israel allein reduziert. Christen haben von den Zeiten der frühen Kirchenväter an Abraham exklusiv als Zeuge für Christus, als vorbildlichen Christen für sich vereinnahmt und

Abraham auf diese Weise dem jüdischen Volk genommen, das Judentum enterbt. Muslime haben sich unter scharfer Kritik an Judentum und Christentum als diejenigen profiliert, die den Glauben Abrahams am echtesten, ursprünglichsten und reinsten bewahrt haben. Alle waren auf diese Weise in Gefahr, den Vater ihres Glaubens allein exklusiv für sich zu beanspruchen und das Glaubenszeugnis der anderen Geschwister herabzusetzen.

Und doch ist an den ursprünglich universal ausgerichteten Segen Gottes für alle Völker über Abraham in der jüdischen Tradition immer wieder auch erinnert worden. Schon universalistisch ausgerichtete jüdische Denker der Vergangenheit wie Philo von Alexandrien und Flavius Josephus haben Abraham als Kosmopoliten und als Ur-Bild einer allen Menschen möglichen Gotteserkenntnis beschrieben. Und auch in der heutigen orthodoxen jüdischen Theologie gibt es Wege, die innere Verbindung von Juden, Christen und Muslimen herauszustellen. So arbeitet einer der angesehensten orthodoxen amerikanischen Rabbiner, Irving Greenberg, in seinem großen Buch »The Jewish Way« (1988) mit der theologischen Kategorie des „open covenant", des offenen Bundes, was ihm erlaubt, Israels besondere Verpflichtungen zu betonen, „ohne die Gültigkeit anderer Verpflichtungen und Religionen zu verneinen".

Greenberg affirmiert deshalb nicht nur die jüdisch-orthodox gegebene Möglichkeit, dass jeder Mensch durch Konversion freiwillig in die „Familie Abrahams" eintreten könne, sondern mehr. Da der Bund „offen" ist, ist er für ihn auch „offen für weitere Offenbarungen in der Geschichte". Neue Erlösungsereignisse hätten den Bund bestätigt und die Welt „näher an das messianische Zeitalter" gebracht:

> „Durch den sich öffnenden Bund wurden viele Heiden in den messianischen Prozess hineingenommen; sie wurden Partner im Bunde Gottes mit der Menschheit. Dies festzustellen, untergräbt in keiner Weise die Gültigkeit und Integrität des Sinai-Vertrags mit Israel. Nach dem Holocaust und im Lichte des Pluralismus einer postmodernen Welt werden Christentum und Islam ihren eigenen Anspruch zurückweisen müssen, das Judentum überwunden zu haben, und auch die Juden werden mehr als früher anerkennen müssen, dass diese Religionen aus dem ursprünglichen Bund herausgewachsen sind. Eine solche Entwicklung – ohne irgendwelche Abstriche an Judentum – zeigt nur, daß der ursprüngliche Bund weitergeht, Früchte bringt und Leben hat."

Christen und Muslime also – auch nach heutigem jüdisch-orthodoxen Verständnis – als lebendige Zeugen eines lebendigen Bundes Gottes mit Abraham, und in diesem Sinne dürfte auch der Beitrag eines anderen orthodoxen jüdischen Theologen der Vereinigten Staaten, Michael Wyschogrod, zu verstehen sein, wenn er über Islam und Christentum schreibt:

„Die Forderung der Stunde ist ein Zusammenrücken all jener, deren Leben unter dem Urteil des Gottes Abrahams geführt wird. Denn die Kinder Abrahams zu lehren, die Gegenwart des Patriarchen in den Anhängern der anderen abrahamischen Glaubensbekenntnisse zu erkennen: das ist die Forderung Abrahams, des Lehrers von Berscheba. Wir sollten diese Forderung nicht zurückweisen."

Ähnliche Entwicklungen lassen sich auch im Islam nachzeichnen. Wenn es auch eine starke Strömung zum Exklusivismus in der Geschichte des Islam gegeben hat, so darf dies alles den Blick für die innere Pluralität islamischer Theologie nicht verstellen. Längst haben sich auch im muslimischen Raum Stimmen erhoben, die für ein gleichberechtigtes Miteinander von Juden, Christen und Muslimen auf der Basis des Koran eintreten. In Deutschland ist zu nennen der Leiter des Zentralinstituts »Islam-Archiv Deutschland« in Soest, Mohammed Salim Abdullah. In seinem Buch „Islam. Für das Gespräch mit Christen"« (1992) findet sich folgendes Bekenntnis zu einem Miteinander von Juden, Christen und Muslimen:

„Es ist das Bewusstsein des gemeinsamen Glaubenserbes, das die Möglichkeit eröffnet, das Trennende weniger schmerzlich zu empfinden, über das Trennende hinweg einander in Frieden und Zuneigung zu begegnen. Aber es wird im Koran auch davon gesprochen, dass die Gleichheit und Gleichberechtigung der Partner eine der wichtigsten Grundvoraussetzungen für den Dialog ist. Keiner darf den anderen Missionieren oder vereinnahmen wollen, ihm die Heiligkeit seines Zeugnisses absprechen. Die einen sollen nicht Herren der anderen sein; Gott allein ist der Herr. Er allein stiftet Überzeugungen und Heil, er allein befähigt zum Zeugnis, niemand kann sein Ratgeber sein. Der Koran ermahnt die Menschen unterschiedlichster Glaubensweise, das Lob Gottes nicht gegeneinander, sondern miteinander zu singen ... Juden, Christen und Moslems können sich als Dialoggemeinschaft, als Tischgemeinschaft oder als Wettbewerbsgemeinschaft zusammenfinden."

IV. Ansätze zu einer Theologie des anderen bei Christen

Für das Christentum hat die Religionstheologie des Zweiten Vatikanischen Konzils eine epochale Wende bedeutet. Denn dieses Konzil bestimmt das Verhältnis von Kirche und Nichtchristen nicht länger konfrontativ, sondern relational-dialogisch. Auf eine Formel gebracht, kann man sagen: Die Religionstheologie des Konzils ist der Abschied von einer jahrhundertelang praktizierten Verwerfungs- und triumphalistischen Ersetzungstheologie; sie ist der Beginn eines christlich begründeten Denkens in Kategorien wie Sachnähe, bleibende Verbundenheit und gemeinsame Verantwortung zwischen den Religionen. Man kann sie den Beginn einer Theologie interreligiöser Geschwisterlichkeit nennen. Identität wird hier nicht polemisch-abgrenzend, sondern dialogisch-relational vollzogen, Identität in Relationalität.

So hat in Bezug auf das Judentum der gegenwärtige Papst in einer vielbeachteten Rede anlässlich seines ersten Besuches in der Synagoge von Rom am 13. April 1986 diese bleibende Verbundenheit zwischen Christen und Juden einmal so umschrieben:

> „Die jüdische Religion ist für uns nicht etwas ‚Äußerliches', sondern gehört in gewisser Weise zum ›Inneren‹ unserer Religion. Zu ihr haben wir somit Beziehungen wie zu keiner anderen Religion. Ihr seid unsere bevorzugten Brüder und, so könnte man gewissermaßen sagen, unsere älteren Brüder."

In Bezug auf den Islam lassen sich ähnliche Entwicklungen feststellen. Schon das Konzil hatte ja dem Glauben von Muslimen einen theologiegeschichtlich einzigartigen Abschnitt gewidmet, und zwar in der bahnbrechenden „Erklärung über das Verhältnis der Kirche zu den nichtchristlichen Religionen". Wörtlich kann man hier lesen:

> „Mit Hochachtung betrachtet die Kirche auch die Muslim, die den alleinigen Gott anbeten, den lebendigen und in sich seienden, barmherzigen und allmächtigen, den Schöpfer Himmels und der Erde, der zu den Menschen gesprochen hat. Sie mühen sich, auch seinen verborgenen Ratschlüssen sich mit ganzer Seele zu unterwerfen, so wie Abraham sich Gott unterworfen hat, auf den der islamische Glaube sich gerne beruft. Jesus, den sie allerdings nicht als Gott anerkennen, verehren sie doch als Propheten, und sie ehren seine jungfräuliche Mutter Maria, die sie bisweilen auch in Frömmigkeit anrufen. Überdies erwarten sie den Tag des Gerichtes, an dem Gott alle Menschen auferweckt und ihnen vergilt. Deshalb legen sie Wert auf sittliche Lebenshaltung und verehren Gott besonders durch Gebet, Almosen und Fasten.
> Da es jedoch im Lauf der Jahrhunderte zu manchen Zwistigkeiten und Feindschaften zwischen Christen und Muslim kam, ermahnt die Heilige Synode alle, das Vergangene beiseite zu lassen, sich aufrichtig um gegenseitiges Verstehen zu bemühen und gemeinsam einzutreten für Schutz und Förderung der sozialen Gerechtigkeit, der sittlichen Güter und nicht zuletzt des Friedens und der Freiheit für alle Menschen." (Nostra aetate Nr. 3)

Gewiss: Die Texte des Vaticanum II machen nicht ausreichend das biblische Wurzelwerk des Abraham-Segens für eine innere Verhältnisbestimmung von Judentum, Christentum und Islam fruchtbar. Doch hält man die Konzilstexte über Muslime und Juden nebeneinander, so ergeben sich schon aus ihnen bemerkenswerte inhaltliche Strukturgleichheiten im Gottesverständnis. Denn in diesen Texten stimmen die drei monotheistisch-abrahamisch-prophetischen Religionen schon jetzt darin überein:

(1) In der Anerkenntnis, dass es nur den einen und einzigen Gott gibt.
(2) In der Bestimmung, dass dieser Gott unverwechselbare „Eigenschaften" hat: Lebendigkeit, Barmherzigkeit, Allmächtigkeit und Schöpfertum.
(3) In der Überzeugung, dass dieser Gott gegenüber den Menschen nicht stumm geblieben ist, sondern gesprochen, sich offenbart hat.
(4) Im Verständnis, dass Glauben Vertrauen auf den Willen Gottes ist nach den Vorbildern: Abraham, Mose, Propheten.
(5) In der Hoffnung, dass Gott einen nur ihm bekannten zukünftigen Tag ermöglicht, „an dem alle Völker mit einer Stimme den Herrn anrufen und ihm Schulter an Schulter dienen".
(6) In der endzeitlichen Erwartung, dass die Menschen auferstehen und gerichtet werden durch einen Gott, der den Menschen nach ihren Taten vergilt.
(7) Im Bemühen, eine schlimme Vergangenheit nicht länger dominieren zu lassen, sondern in der Welt von heute zu „gegenseitigem Verstehen" zu finden, „gegenseitige Kenntnis und Achtung" zu üben und im „brüderlichen Gespräch" sich zu begegnen.
(8) In der Bereitschaft, sich gemeinsam einzusetzen für das Wohl der Menschheit: für Schutz und Förderung der sozialen Gerechtigkeit, der sittlichen Güter, des Friedens und der Freiheit für alle Menschen.

All dies ist ein geschichtlich beispielloser „abrahamischer Konsens", der mir innerkirchlich alles andere als gesichert zu sein scheint. Deshalb ist es wichtig, dass auch der gegenwärtige Papst in seinen Stellungnahmen die Grundlinien von „Nostra aetate" bestätigt hat. Beispiel Islam. Aus den vielen Ansprachen des Papstes bei der Begegnung mit Muslimen zitiere ich eine Rede an die Regierung und die religiösen Führer in Nigeria aus dem Februar 1982:

„Wir alle, Christen und Muslime, leben unter der Sonne des einen barmherzigen Gottes. Wir beide glauben an den einen Gott, der der Schöpfer von uns allen ist. Wir anerkennen Gottes souveräne Macht, und wir verteidigen die Würde der menschlichen Person als Gottes Knecht. Wir beten zu Gott und bekennen die totale Hingabe an ihn. In eigentlichem Sinn können wir einander Brüder und Schwestern im Glauben an den einen Gott nennen. Wir sind dankbar für diesen Glauben, da ohne Gott das menschliche Leben wie der Himmel ohne die Sonne sein würde. Wegen dieses Glaubens haben wir vieles gemeinsam: das Privileg des Gebetes, die Pflicht zur Gerechtigkeit, die von Mitleid und Almosen begleitet wird, und über alles hinaus einen heiligen Respekt für die menschliche Würde, die die Grundlage ist von Grundrechten jeder menschlichen Person."

Diese Aussagen aus einem gemeinsamen Gottes- und Schöpfungsverständnis heraus können nach meiner Überzeugung vom biblischen Wurzelwerk her theologisch noch präziser begründet werden. Im Raum der protestantischen Gegenwartstheologie hat dies der Wuppertaler Theologe Berthold Klappert jüngst eindrucksvoll getan:

> „Wenn die Hebräische Bibel in dieser umfassenden Weise Ismael an den Segensverheißungen für Abraham beteiligt sein lässt, ihn in den Bund Gottes mit Abraham sogar als Ersten und Erstbeschnittenen einbezieht, und wenn der Gott Abrahams in dieser Sympathie, d.h. in diesem das Schreien der Hagar erhörenden Mitleiden, sich Isamel und Hagar offenbart, dann wäre zu fragen: Warum bekennen wir uns heute in unseren Gottesdiensten – den richtigen Hinweisen der feministischen Theologie folgend – zwar zum Gott Abrahams uns Saras, zum Gott Isaaks und Rebekkas, nicht aber auch in gleicher Weise zum Gott Ismaels und Hagars? Denn der Gott Abrahams und Saras ist immer auch der Gott Ismaels und Hagars. Die Selbigkeit dieses Gottes Abrahams, des Gottes Isaaks und Ismaels, kann von der Hebräischen Bibel her nicht offen gelassen werden, wie es das Vaticanum II und die Ökumene in Genf leider noch tun ... Der Abraham-Segen kann in dieser Mehrdimensionalität nur gemeinsam von Juden, Muslimen und Christen ergriffen und heute nur gemeinsam an die Menschheit weitergegeben werden." (Abraham eint und unterscheidet. Begründungen und Perspektiven eines nötigen Trialogs zwischen Juden, Christen und Muslimen, in: Rhein Reden. Texte aus der Melanchthon-Akademie Köln 1/1996, S. 37f.)

V. Auf dem Weg zu einer abrahamischen Ökumene

Zur Verdeutlichung dieser gemeinsamen Verantwortung habe ich das Wort Abrahamische Ökumene vorgeschlagen. Dieser Begriff ist für mich nicht das Zauberwort, um alle Unterschiede zwischen den Religionen zum Verschwinden zu bringen, noch gar ein im Westen erfundener imperialer Zwangsbegriff, der Juden, Christen und Muslimen ihre religiöse Eigenständigkeit rauben soll. Umgekehrt gilt: Wenn ökumenisches Denken Denken in globalen Dimensionen heißt, Denken in Verflechtungen miteinander und Verantwortung füreinander, dann kann das, was Abrahamische Ökumene bedeutet, positiv so definiert werden: Juden, die sich in ihrem konkreten Leben nach Mose, ihrem Lehrer richten, Christen, die sich im konkreten Leben an Jesus, ihren Christus, orientieren, Muslime, die ihr Leben konkret nach der Botschaft ihres Propheten, niedergelegt im Koran, ausrichten, erkennen ihre besondere Verbindung miteinander, Achtung voreinander und Verantwortung füreinander, weil sie ihren gemeinsamen geschichtlichen Ursprung ernstnehmen: Abraham, Hagar und Sarah, die Stammeltern ihres Glaubens. Wer ökumenisch im Geiste des Urvaters und der Urmütter denkt, hört auf, allein an das Wohl der Synagoge, der Kirche oder der

Umma zu denken. Dem ist es nicht gleichgültig, wie es um das Schicksal der anderen „Geschwister" bestellt ist. Der praktiziert echte Geschwisterlichkeit im besten Sinne des Wortes. Diese Praxis abrahamischer Geschwisterlichkeit ist keine schöne Illusion. Sie vollzieht sich bereits an vielen Orten in vielen Ländern. Ich nenne fünf Organisationen, zu denen ich persönliche Verbindungen habe:

(1) Seit 1977 leistet die „Fraternité d'Abraham", die „Bruderschaft Abrahams", in Frankreich interreligiöse Verständigungsarbeit im Geiste Louis Massignons. Unter der Schirmherrschaft der Führer der drei großen religiösen Traditionen in Frankreich hat sich diese „Fraternité d'Abraham" der Aufgabe verschrieben, die „spirituellen, moralischen und kulturellen Werte aus der abrahamischen Tradition" zu fördern und das „Verständnis füreinander zu vertiefen sowie die soziale Gerechtigkeit und die moralischen Werte, den Frieden und die Freiheit zu schützen und zu fördern".

(2) 1977 wurde in Los Angeles die Academy for Judaic, Christian und Muslim Studies gegründet, deren Arbeit ich im vergangenen Jahr kennenlernen konnte. 12 Millionen Menschen umfasst eine Metropole wie Los Angeles. Neben Millionen Christen leben auch Hunderttausende von Juden und Hunderttausende von Muslimen dort. Vom Gründervater dieser Academy, einem christlichen Theologien, zitiere ich gerne dieses Wort:

„Judentum, Christentum und Islam haben miteinander zusammenhängende Bestimmungen. Sie sind getrennt und unterschieden, aber zusammengebunden. Sie werden zusammen handeln bis ans Ende der Tage. Diese Interaktion ist immer dreifach. Wenn es ein Zusammenspiel zwischen zweien gibt, wart einen Moment, wart einen Tag, warte tausend Jahre – der Dritte wird erscheinen."

Das heißt: Die Glaubensexistenz von Christen ist vom Kern her trialogisch strukturiert. Christen können ihr Glaubenszeugnis nicht ohne das jüdische und muslimische und umgekehrt Juden und Muslime nicht ihr Glaubenszeugnis ohne die jeweils anderen reflektieren. Die trialogische Grundstruktur des Glaubens gilt für alle drei Kinder Abrahams.

(3) Das hat man auch in Schweden erkannt, so daß dort 1991 die Children of Abraham Foundation for Religious and Cultural Coexistence gegründet werden konnte. Diese Stiftung hat sich vor allem der Arbeit in den Schulen verschrieben, der Arbeit also mit jüdischen und muslimischen Kindern in einer säkularen und nur noch teilweise christlichen Umgebung. In einem programmatischen Manifest dieser Stiftung heißt es:

„Abrahams Barn (The Children of Abraham Foundation for Religious and Cultural Coexistence) arbeitet in erster Linie innerhalb des schwedischen Schulsystems. Sein Zweck ist, das Wissen von Judentum, Christentum und Islam zu verbreitern und herauszustellen, was sie gemeinsam haben, statt nur sich auf die Differenzen zu konzentrieren. Was Christentum und Islam angeht, so ist es wichtig, ihre Wurzeln im Judentum zu betonen. Juden – und ebenso Christen – beanspruchen Abstammung von Abraham und seiner Frau Sara durch ihren Sohn Isaak. Muslime beanspruchen ebenfalls Abstammung von Abraham, durch Ismael, seinen Sohn mit Hagar. Das ist die Basis und der Startpunkt, von dem aus Lehrer und Schüler in verschiedener Weise zusammenarbeiten – durch Schreiben, Malen, Handeln usw. – mit einer Auswahl von Geschichten aus Bibel und Koran. Die Schüler werden auf diese Weise vertraut mit der Botschaft der Geschichten und entwickeln ein Gefühl des Stolzes für ihr historisches und kulturelles Erbe."

(4) Ein besonders hoffnungsvolles Zeichen kommt aus einer durch den Bürgerkrieg in Bosnien-Herzegowina so geschundenen und zerstörten Stadt wie Sarajewo. Auch dort hat sich im März 1998 eine Gesellschaft für interreligiöse Friedensarbeit unter dem Titel „Abraham" konstituiert. Auch hier gibt es ein programmatisches Manifest, in dem es heißt:

„Zweck der interreligiösen Friedensarbeit der Vereinigung ist die Förderung des Versöhnungsprozesses im Land durch Vertrauensbildung zwischen Menschen verschiedener Glaubensüberzeugung und Nationalität. Die Vereinigung versammelt zu diesem Zweck Juden und Muslime, katholische und orthodoxe Christen, wie auch Interessierte anderen Glaubens und anderer Überzeugung. Durch Begegnung und Studium, durch gemeinsames Leben und Arbeiten sollen folgende programmatische Ziele verwirklicht werden:
– Vermittlung von Wissen und Dialog über die Religionen und ihre Praxis
– Hilfe und Begleitung bei der Aufarbeitung der negativen Folgen der eigenen Vergangenheit und der jüngsten Geschichte der Religionen im Land
– Suche und Hervorhebung positiver Beispiele aus der Geschichte von Bosnien und Herzegowina
– Förderung einer fairen Auseinandersetzung über kontroverse Fragen, die sich auf Religion, Nation und Gesellschaft beziehen
– Entdeckung und Belebung religiöser Quellen für die Gestaltung der Gesellschaft in Frieden, Gerechtigkeit und Freiheit.«

(5) Ebenso wichtig ist das Three Faith Forum in Großbritannien, die einzige Organisation, die interreligiöse Verständigungsarbeit konkret vor Ort in institutionalisierter Form mit Juden, Christen und Muslimen durchführt. Die Erfahrungen all dieser

Organisationen sind wichtig, um auch in anderen Ländern, gerade auch in Deutschland, interreligiöse Kommunikation und Zusammenarbeit zu institutionalisieren. Anfänge sind gemacht: mit Friedensgebeten, Friedenswochen, Wochen der Brüderlichkeit – gerade in vielen Städten Deutschlands – in denen Juden, Christen und Muslime zusammenarbeiten. Kurz: Aus der theologischen Notwendigkeit einer abrahamischen Ökumene muss die konkrete politische Praxis in Gesellschaft und Politik folgen.

VI. Juden, Christen und Muslime als Friedensstifter

Die Friedenssehnsucht braucht Friedensfiguren, die Friedensbotschaft braucht Friedenszeichen. Diese Friedenszeichen sind unverzichtbar, um der Resignation zu wehren, dem Fatalismus. Wie oft wird der Friede verraten, erstickt, verhöhnt. Wie oft werden Menschen in die Verzweiflung getrieben. Eine Friedenstheologie der Kinder Abrahams aber ist das stärkste Gegengift gegen Verzweiflung und Resignation, ist Zynismusprophylaxe.

In diesem Sinne möchte ich Sie an einen Muslim erinnern, der weltpolitisch ein Friedenszeichen gesetzt hat. Jahrzehntelang hatten Israel und Ägypten blutige und verlustreiche Kriege gegeneinander geführt; der letzte lag gerade vier Jahre zurück. Erbitterte Feindschaft zwischen den beiden Ländern herrscht. Da unternimmt der ägyptische Staatspräsident Anwar el-Sadat zur Verblüffung der Weltöffentlichkeit eine Reise nach Jerusalem und spricht vor dem israelischen Parlament, der Knesset. Gläubiger Muslim, der er ist, beginnt Sadat seine Friedensrede mit der Erinnerung an die Gestalt Abrahams:

„Das Schicksal will es, dass meine Friedensreise zu Ihnen zusammenfällt mit dem islamischen Heiligen Fest des Opfers Abrahams – Friede sei mit ihm –, dem Vorfahren der Araber und der Juden, dem Knecht Gottes, der nicht aus Schwäche, sondern aus einer gewaltigen geistigen Kraft und aus freiem Willen seinen eigenen Sohn opferte und auf diese Weise einen festen und unerschütterlichen Glauben an Ideale personifizierte, die für die Menschheit größte Bedeutung gehabt haben."

Anwar el-Sadat wollte hier bewusst die Abraham-Tradition zum Leuchten bringen, im Bewusstsein, dass sie auch Juden wie Christen kostbar ist. Und Abraham steht bei ihm für den unerschütterlichen Glauben an die »geistige Kraft«, die Opferbereitschaft und das Festhalten an Idealen. Das alles braucht es in der Tat, damit die Völker zu neuen Ufern geführt werden können. Sadats Reise zeigt, dass tiefe religiöse Überzeugungen die Realpolitik positiv beeinflussen können. Realpolitik und Spiritualität müssen keine getrennten Bereiche sein, sondern können zum Wohle der Völker zutiefst zusammenspielen. Der religiöse Glaube kann eine Fackel sein. Sie aber sollte nicht ständig der Politik hinterhergetragen werden, sondern den Weg der Politik erleuchtet. Anwar el-Sadat ist dafür ein Beispiel.

Ja, wie ernst es dem gläubigen Muslim Sadat mit seiner Friedensmission war, bezeugt ein unvoreingenommener Zeitgenosse, der frühere deutsche Bundeskanzler Helmut Schmidt. In seinen Erinnerungen findet sich ein Gespräch, das er mit Sadat in den 70er Jahren geführt hat. Und immer wenn ich diese Passage überdenke, sehe ich darin eines der eindrucksvollsten Zeugnisse gelungener interreligiöser Kommunikation:

„Einmal führten wir in Ägypten mehrere Tage lang ein Gespräch über religiöse Fragen. Wir fuhren zu Schiff nilaufwärts, schließlich bis nach Assuan. Die Nächte waren völlig sternenklar. Wir saßen stundenlang an Deck, hatten Unendlichkeit und Ewigkeit über uns und sprachen über Gott. ... Die drei monotheistischen Religionen, so erklärte Sadat, haben ihre gemeinsame geschichtliche Wurzel auf dem Sinai ... Ihr Europäer wisst dies alles nicht. Ihr wisst auch nicht, dass Jesus nach koranischer Auffassung der zweitwichtigste aller Propheten war, nach ihm kam nur noch Mohammed, der steht allerdings über ihm. Freilich haben die Rabbiner, die christlichen Kirchen und auch der Islam vielerlei Keime zu gegenseitiger Feindschaft gelegt. Aber wir müssten jetzt endlich zurückgreifen auf die Gemeinsamkeiten unseres Glaubens an den einen Gott. Dann wird der Friede zwischen allen drei Religionen möglich gemacht werden. ...
Sadat hoffte auf eine große friedliche Begegnung von Judentum, Christentum und Islam. Sie sollte symbolisch auf dem Berge Sinai stattfinden, dem Mosesberg, wie er im Arabischen genannt wird. Dort sollten nebeneinander eine Synagoge, eine Kirche und eine Moschee gebaut werden, um die Eintracht zu bezeugen. Tatsächlich hat Sadat 1979, zwei Jahre nach seiner Jerusalemreise, dort einen Grundstein für die Gotteshäuser gelegt ... Sadats Friedenswille entsprang dem Verständnis und dem Respekt vor den Religionen der anderen. Erst von ihm habe ich gelernt, Lessings Parabel von den drei Ringen voll zu begreifen. Sadat hat Lessing wohl kaum gekannt, aber er hat Lessings Mahnung nicht bedurft. ...
Der Mord am 6. Oktober 1981 setzte allen Vorhaben und Visionen dieses ganz und gar ungewöhnlichen Mannes ein Ende. Er war von einer für Regierungschefs ungewöhnlichen Offenheit gewesen, und niemals vorher oder nachher habe ich mit einem ausländischen Staatsmann derart ausführlich über Religion gesprochen. Ich habe ihn geliebt. Wir waren bis auf zwei Tage gleichaltrig. Unsere nächtliche Unterhaltung auf dem Nil gehört zu den glücklichsten Erinnerungen meines politischen Lebens." (S. 342-344)

Nur dann also hat das ökumenische Gespräch zwischen den Kindern Abrahams einen Sinn, wenn nicht die Propagierung des eigenen Exklusivismus im Vordergrund steht, sondern die Sache Abrahams, zu der alle Glaubenden immer wieder auf dem Weg sind: Abkehr von falschen Idolen (darunter besonders die Selbsterhöhung über andere) und das Vertrauen auf den einen und wahren Gott, der größer ist als alle von Menschen gemachten religiösen Traditionen und Konventionen, auf einen Gott also, »der die Toten lebendig macht und das, was nicht ist, ins Dasein ruft«. Ökumene der Kinder Abrahams wird es nur geben, wenn Juden, Christen und Muslime sich alle miteinander begreifen als Gott-Sucher, Gott-Vertrauende, Gott-Beschenkte; wenn ihr Glauben nicht meint: starres Festhalten an Vergangenheiten und ererbten Besitztümern, sondern: Fortziehen, Aufbrechen wie Abraham, »ohne zu wissen, wohin man kommt«. Dann wird Versöhnung der getrennten Geschwister Abrahams möglich, so wie wir dies bei Isaak und Ismael glauben dürfen, den gewaltsam getrennten Geschwistern, die sich auf eine anrührende Weise dann doch noch einmal im Leben wiedertreffen, wie die Genesis es uns in Kapitel 25 überliefert: am Grab ihres Vaters Abraham. Ist es von daher völlig undenkbar, dass trotz allen Geschwisterhasses und aller Geschwisterkriege eines Tages geschieht, was der jüdische Jerusalemer Theologe Shalom Ben-Chorin uns vor Augen gestellt hat? In seinem Buch „Die Erwählung Israels. Ein theologisch-politischer Traktat« (1993) finden sich die nachdenkenswerten Sätze:

> „Ismael uns Isaak waren einander nicht hold, aber an der Leiche ihres Vaters vereinigten sie sich und begruben ihn gemeinsam in der Höhle Machbela in Hebron ... An der Leiche ihres Vaters in der Höhle Machbela in Hebron haben sie gemeinsam getrauert und sich versöhnt. Es ist meine Hoffnung und mein Gebet, daß sich diese Versöhnung wiederholt." (S. 127)

Literatur zur Vertiefung:

K.-J. Kuschel, *Streit um Abraham. Was Juden, Christen und Muslime trennt – und was sie eint*, München 1994. Englische und amerikanische Ausgabe: *Abraham. A Symbol of Hope for Jews, Christians and Muslims*, translated by John Bowden, London (SCM Press) – New York (CONTINUUM) 1995.

K.-J. Kuschel, *Vom Streit zum Wettstreit der Religionen. Lessing und die Herausforderung des Islam*, Düsseldorf 1998.

ELISABETH SCHÜSSLER-FIORENZA

G*TT: MIT VIELEN NAMEN - OHNE ORT UND GEEIGNETEN NAMEN[1]

Es mag in akademischen Kreisen ungewöhnlich sein, doch werde ich das Thema dieses Vortrags mit einer persönlichen Geschichte beginnen. Methodisch ist das gerechtfertigt, denn wie andere Befreiungstheologien beginnt auch feministische Theologie mit kritisch reflektierter Erfahrung.

Chris war etwa fünf Jahre alt, da fragte sie mich eines Tages, nachdem sie ein Raumfahrtprogramm angeschaut hatte: „Mama, wo ist G*tt?" Mit etwas anderem beschäftigt, antwortete ich kurz: „G*tt ist im Himmel." Aber Mama, erwiderte sie, „wo ist der Himmel?" Ich begriff, dass ich es mit einer angehenden Theologin zu tun hatte, deren Fragen ernst zu nehmen waren. So dachte ich kurz nach und antwortete: „Manche sagen, G*tt sei in der Kirche, andere, G*tt sei unter den Armen gegenwärtig, wieder andere, man könne G*tt in der Natur erfahren. Andere wiederum behaupten, G*tt spreche in der Bibel, und andere sagen: „Wir finden G*tt tief in uns selbst" Da leuchtete ihr Gesicht und sie rief aus: „Jetzt verstehe ich!" Deshalb nennen Jungens G*tt „Er", und Mädchen nennen G*tt „Sie".

I. Annäherung an das Problem

Diese Geschichte beleuchtet und benennt in aller Kürze das theo-logische Problem, das darzulegen ich gebeten wurde. Es illustriert die doppelte Frage, vor der wir stehen. Einerseits, wo ist G*tt zu finden, wenn der Himmel nicht mehr dort oben ist? Andererseits, wie ist über G*tt zu sprechen und wer ist das Subjekt solchen Sprechens über G*tt? – Fragen, die insbesondere von der feministischen Thea/ologie aufgeworfen worden sind.[2] Unser modernes Verständnis von Welt und Universum mit seinen zahllosen Galaxien und seinem unendlichen Raum erlaubt uns nicht länger die Vorstellung, wir könnten noch immer in Begriffen von oben und unten, von

---

[1] Ich möchte der theologischen Fakultät Nijmegen und insbesondere Professor Dr. Hermann Häring für die Einladung zu dieser Jubiläumsfeier danken. Besonders dankbar bin ich Professors Hedwig Meyer-Wilmes und Lieve Troch dafür, dass sie zu meinem Buch *Jesus. Miriam's Child und Sophia's Prophet* eine Diskussion sowie als Überraschung eine Party zu meinem 60. Geburtstag organisiert haben.
[2] S. Monika Jakobs, *Frauen auf der Suche nach dem Göttlichen. Die Gottesfrage in der feministischen Theologie*, Münster: Morgana Frauenverlag, 1993.

Himmel, Erde und Unterwelt denken. Auch werden wir uns mehr und mehr der Tatsache bewusst, dass alle Diskurse über das G*ttliche – die biblischen eingeschlossen[3] – sozial bedingt und relativ sind, denn feministische Bewegungen, black-power-Bewegungen und postkoloniale Bewegungen stellten diese theologischen Diskurse einer weißen männlichen Elite in Fragen, die G*tt[4] im Interesse der Mächtigen benannte.

Wie allgemein bekannt, war es R. Bultmann, der mit der Frage nach dem Ort G*ttes gerungen hat; er tat es im vollen Bewusstsein dessen, dass die apokalyptische mythologische Sprache, die das christliche Verständnis vom Ort G*ttes bestimmte, in Erfahrung und Vorstellung keinen Bezugspunkt mehr hatte.[5] Bultmanns existentialistisches *Entmythologisierungsprogramm* wurde in den vergangenen Jahrzehnten durch die Betonung von Metaphern und Bilder ersetzt. Beide Ansätze, der existentialistische und der metaphorische, geben G*tt nun einen Ort in einem modernen Subjektivitätsverständnis, nachdem die Naturwissenschaften

> Gott aus der Ordnung und dem Design der natürlichen Welt völlig eliminiert haben. Christliche Theologie hatte die Spuren Gottes in der erfahrbaren und materiellen Welt lange Zeit vom Bild Gottes in der Seele unterschieden, aber in der Moderne bekam diese Unterscheidung einen Bruch, für die Menschen wurde der Ort Gottes auf die Subjektivität eingeschränkt – eine fromme Subjektivität ohne Objektivität.[6]

Nachdem das Göttliche in die menschliche Subjektivität verlegt war, erhielt die Konstruktion G*ttes in Sprache und Metapher eine zentrale Bedeutung. Mit dieser Zuflucht zur metaphorischen und symbolischen Sprache gestaltete die Theologie in der Moderne die Frage nach G*tt um. Aus einer onto-logischen oder meta-physischen Frage nach dem Ort G*ttes wurde eine Frage der Rhetorik sowohl nach dem Eigen-

---

[3] S. z. B. Bernard J. Lee, S.M., *Jesus und the Metaphors of God. The Christs of the New Testament*, New York: Paulist Press, 1993.

[4] Um die Unangemessenheit unseres Sprechens über G*tt kenntlich zu machen, hatte ich in meinen Büchern *Discipleship of Equals* und *But She Said* die jüdisch orthodoxe Schreibweise des Namens G-ttes übernommen. Jedoch haben mich jüdische Feministinnen darauf hingewiesen, dass eine solche Schreibweise auf viele von ihnen aggressiv wirkt, weil sie einen sehr konservativen, wenn nicht gar reaktionären theologischen Bezugsrahmen nahe legt. So begann ich das Wort **G*tt** in dieser Form zu schreiben, um so in sichtbarer Weise unseren Denkweg und unser Sprechen über das Göttliche zu destabilisieren.

[5] Edward C. Hobbs, ed., *Bultmann: Retrospect and Prospect* Philadelphia: Fortress, 1985 und James F. Kay, „Theological Table –Talk Mythos or Narrative? Bultmann's New Testament und Mythology Turns Fifty," *Theology Today* 48 (1991) 326-32.

[6] Francis Schüssler Fiorenza und Gordon D. Kaufman, „God," in Mark C. Taylor, Hg., *Critical Terms for Religious Studies* Chicago: The University of Chicago Press, 1998, 146.

namen/der Repräsentation G*ttes, als auch nach den soziopolitischen Regeln und Kontextualisierungen, die das Sprechen von G*tt konstruierten.[7]

In ihrem jüngsten Artikel über „G*tt" haben Gordon Kaufman und Francis Schüssler Fiorenza diesen G*tt-Diskurs der weißen männlichen Elite – auch wenn sie ihn nicht als solchen identifizieren – sowie dessen Versuche, den Eigennamen G*ttes zu artikulieren, nachgezeichnet. Zwar definieren sie ihren eigenen Ansatz nicht als rhetorisch, doch beziehen sie sich eindeutig auf den rhetorischen Charakter[8] aller Diskurse über G*tt. Zunächst analysieren sie die Verwendung des Wortes „G*tt" in der gegenwärtigen englischen Sprache und begründen schließlich, dass sich das Studium der Religion („religion studies") auf die Interaktion der G*ttesrede mit deren soziopolitisch historischer Verortung konzentrieren müsse. In dieser kyriozentrischen, d.h. auf eine männliche Elite zentrierte westliche Tradition arbeiten sie vier christliche Diskurse über G*tt heraus, die sich von ihrer unterschiedlichen Verortung her unterscheiden lassen: den biblisch-mythologischen, den philosophisch-ontologischen, den modern subjektivistischen und den postmodernen Diskurs der negativen Theologie.

Theologische Diskurse über G*tt haben das G*ttliche von der Interaktion mit ihren entsprechenden Gesellschaften her benannt: Die imperialen Strukturen Roms und der mittelalterlichen feudalen Gesellschaft feierten G*tt, den Vater, als den allmächtigen König und den allwissenden Lenker des Universums.[9] Die absolute Macht

---

[7] S. Karen M. Armstrong, *A History of God: The 4000-Year Quest of Judaism, Christianity, and Islam* New York: Ballantine Books, 1993.

[8] Dieser Ausdruck ist abgeleitet von John Bender und David E. Wellbery, Hgg., *The Ends of Rhetoric. History, Theory, Practice* Stanford: Stanford University Press, 1990, 25: „Rhetorik ist heute weder eine einheitliche Doktrin noch ein kohärenter Satz diskursiver Praktiken. Sie ist vielmehr ein transdisziplinäres Feld von Praxis und intellektuellem Interesse ... Die klassische rhetorische Tradition macht die Rede zur Seltenheit und fixierte sie in einem Gitterwerk von Eingrenzungen: Sie war eine regelgeleitete Domäne, deren Verfahren selbst von den Institutionen abgegrenzt waren, die in der traditionellen europäischen Gesellschaft Interaktion und Herrschaft organisierten. Das Wesen des Rhetorischen („Rhetoricality") dagegen ist nicht an einen spezifischen Satz von Institutionen gebunden. Sie berücksichtigt den explanatorischen Metadiskurs, der selbst noch nicht rhetorisch ist. Rhetorik ist nicht mehr der Titel einer Doktrin oder Praxis, auch nicht eine Form kulturellen Gedächtnisses; sie wird etwas wie die Bedingungen unserer Existenz." Siehe auch mein Buch *Rhetoric und Ethic. The Politics of Biblical Studies* (Minneapolis: Fortress Press, 1999).

[9] Brian Wren, (*What Language Shall I Borrow? God-Talk in Worship: A Male Response to Feminist Theology.* New York: Crossroad, 1989, 119) nach seinen Ausführungen lautet das metaphorische System, das die christliche Imagination, Gottesdienst, Gebet und Theologie trägt „KINGAFAP- der King-God-Almighty-Father-All Powerful-Protector." [König-Gott, Allmächtiger, Vater, Allwirkender, Beschützer = „KÖGAVAB"] In diesem Be-

G*ttes legitimierte die Macht der Fürsten und Oberherrn, der Bischöfe und Päpste, der Väter und Männer. Nach Jürgen Moltmann rechtfertigte der monotheistische Monarchismus nicht nur die Macht der Wenigen über die Vielen, sondern er beschaffte dieser imperialen Macht eine einheitliche Ideologie:

> Ein Gott – ein Logos – eine Menschheit, die im Römischen Imperium als Lösung vieler Probleme einer multinationalen und multireligiösen Gesellschaft einleuchten musste. Dem Weltenherrscher im Himmel musste nur der Weltherrscher in Rom abbildlich entsprechen. [10]

U.a. stellte Susan Brooks Thistlethwaite heraus, dass es in dieser monotheistisch-monarchischen Konzeptualisierung des G*ttlichen in der Renaissance und der Reformation zwar zu einem radikalen Bruch kam, aber dass sich der Nachdruck auf einer autoritativen Einheit dennoch gehalten hat.

> … Die Wasserscheide dieser Periode ist gekennzeichnet durch die moderne Betonung Gottes als eines absoluten Subjekts. … So wird das erfahrende Selbst zum Ausgangspunkt für die neuzeitliche theologische Reflexion des Westens. Aber die Konzentration auf die Einheit bleibt erhalten. Das Subjekt lässt sich nur als ein identisches Selbst betrachten, das in verschiedener Weise handelt. Das ist der neuzeitliche bürgerliche Personbegriff.[11]

Diese Kritik des absoluten und universalisierten neuzeitlichen Subjekts hat die postmoderne Subjektkritik vorangetrieben. Die postmoderne Theoriebildung besteht darauf, dass die Setzung eines Ich oder eines Subjekts die Fragen nach dessen Produktion ausschließt. Wie also kann man die Nennung G*ttes als des „absoluten Subjekts" vorantreiben, ohne kritisch nachzudenken über die soziopolitischen Regeln und kulturellen Praktiken „die die Anrufung dieses Subjekts steuern und deren Wirkung regeln"?[12] Wie kann man von G*tt sprechen, ohne das Göttliche auf ein Seiendes unter anderen Seienden oder auf ein Objekt unter anderen Objekten zu reduzieren? Die postmoderne Kritik ist nicht nur eine Kritik der Erkenntnistheorie, sondern auch der Onto-logie. Jaques Derrida z.B. hat darauf hingewiesen: auch wenn man nachweist, dass G*tt jenseits des Seienden ist, greift man noch auf eine platonische

---

zugsrahmen wird G*tt als der machtvolle König verehrt, der im Glanze thront, der Ehrerbietung und die Sühne für die Beleidigungen Seiner Majestät empfängt, er regiert durch Wort und Befehl und legitimiert die kosmische kyriarchale Ordnung.

[10] Jürgen Moltmann, *Trinität und Reich Gottes. Zur Gotteslehre*, München 1980, S. 146.

[11] Susan Thistlethwaite, *Sex, Race, and God. Christian Feminism in Black und White* New York: Crossroad, 1989, 122.

[12] Judith Butler, *Gender Trouble. Feminism und the Subversion of Identity* New York: Routledge, 1990, p. 144.

oder neuplatonische Onto-theologie zurück, die festhält an „einem Sein jenseits von Sein, an einer Hyperessentialität, die alle Negation und positive Benennung transzendiert."[13]

Mögen Glaubende auch davon überzeugt sein, dass G*tt eine Wirklichkeit über allem Seienden sei und auch behaupten, dass sie diese Wirklichkeit erfahren haben, so haben sie doch - genau wie die Nicht-Glaubenden - keine angemessene Sprache, um dieser Überzeugung Ausdruck zu geben. Zu sagen, G*tt ist ein „Sein jenseits von Sein", gibt linguistisch das Fehlen eines angemessenen Namens zu; aber verschleiert zugleich die Tatsache, dass keine angemessene Sprache zu finden ist, die von soziopolitischen theoretischen Bezugsrahmen und Interessen frei wäre. Deshalb ist es Aufgabe des *thea/o-legein* im ursprünglichen Wortsinn, alles Reden über G*tt einer radikal kritischen Ethik der Benennung zu unterwerfen.

II. Die Rhetorik des Thea/o-legein, d.h. des Redens über G*tt

Deshalb wird unser Thema „G*tt: Mit vielen Namen[14] - ohne geeigneten Namen und Ort" am besten nicht in metaphysisch ontologischen, sondern in den rhetorischen Begriffen der Ideologiekritik behandelt.[15] Nicht ontologische Definition, sondern rhetorisches Erforschen ist gefragt! Während manche die ontologisch-

---

[13] Schüssler Fiorenza/Kaufmann, 153.
[14] Auf der Vollversammlung des Weltrats der Kirchen 1998 WCC in Zimbabwe riefen die Teilnehmer/innen von den vier Ecken der Erde zum „G*tt mit vielen Namen" während der Ereignisse der Versammlung. Einige diese Namen waren: „Barfüßiger G*tt," „G*tt der Mitte, zur Peripherie hinauslaufend", „G*tt , für uns Zuflucht, Hoffnung und Licht", „Befreiende/r G*tt, die immer Freiheit schenkt", „Kiluba = G*tt der Menschenfülle", „Schöpferg*tt, der/die Eine, die modelliert", „Liebend über jede Vorstellung von Liebe hinaus", „Spirituelle Wunderbarkeit", „G*tt, der Schoß", „G*tt mit dem Minjung Grassroots Volk", „G*tt der Gerechtigkeit", „Weinende/r G*tt, mit unseren Tränen verbunden", „Mutter G*tt" [NCC News 12/18/98].
[15] Mit der Feminismustheoretikerin Michèlle Barrett, (*The Politics of Truth. From Marx to Foucault* Stanford: Stanford University Press, 1991, 177) verstehe ich Ideologie als etwas, das sich auf einen Prozess der Mystifikation oder falschen Darstellung bezieht. Ideologie ist eher verzerrte Kommunikation als einfach falsches Bewusstsein. Eine Grundannahme der kritischen Theorie lautet, dass jede Form sozialer Ordnung Formen der Herrschaft enthält und dass kritisch emanzipatorische Interessen die Kämpfe zur Veränderung der Herrschafts- und Unterordnungsverhältnisse anheizen. Solche Machtverhältnisse schaffen Formen verzerrter Kommunikation. Diese führen dazu, dass die Agierenden im Blick auf ihre Interessen, auf die Notwendigkeiten und die Wahrnehmung der sozialen und religiösen Realität der Selbsttäuschung unterliegen. (S. Raymond A. Morrow, *Critical Theory and Methodology* Thousand Oaks: Sage Publications, 1994, 130-149.) Theologisch gesprochen geht es um strukturelle Sünde.

metaphysische Untersuchung über das Sein G*ttes fortsetzen mögen, werde ich hier nicht darauf eingehen. Mich interessiert vielmehr der rhetorische Charakter all unseres Redens über G*tt: „thea/o-legein" im ursprünglichen Sinn des Wortes.

Wenn nun die Sprache und die Bilder für G*tt mehr über diejenigen sagen, die sie verwenden, mehr also über die Gesellschaft und die Kirche, in denen sie leben und die sie zur Darstellung bringen, als über die Gottheit selbst, dann ist es die ureigene Aufgabe der Thea/o-logie, sich auf eine permanente kritische Analyse aller Diskurse über G*tt zu verlegen. Diese Aufgabe des *thea/o- legein* im eigentlichen Wortsinn gehört m.E. nicht in die Dimension der Metaphysik und Ontologie, sondern in die Sphäre der Ethik und kommunikativen Praxis. Zu behaupten, alles Reden über G*tt und alle Welterkenntnis sei rhetorisch, heißt zugleich: Alle Diskurse über das Göttliche werden in spezifischen soziopolitischen Situationen, von bestimmten Menschen, mit bestimmten Interessen und für eine bestimmte HörerInnenschaft artikuliert, mit denen sie kulturelle Codes und religiöse Traditionen teilen. Diskurse über G*tt sind nicht einfach rhetorisch im Sinne überzeugender bzw. überredender Worte, sondern auch eine ideologische, in Machtbeziehungen verwobene Kommunikation. Dementsprechend muss sich die Thea/o-logie auf den rhetorischen Charakter allen Redens über G*tt, also auf die Frage konzentrieren, ob es zu Ihrem Ort oder zu Seinem Namen gehört.

Die rhetorische Analyse geht davon aus, dass Sprache nicht nur Bedeutungen produziert, sondern auch Wirklichkeit beeinflusst.[16] Mehr noch, jede Kommunikation kreist zwischen SprecherInnen und einer HörerInnenschaft, die beide historisch und sozial determinier sind. Deshalb untersucht eine rhetorische Analyse die Herrschaftsstrukturen, die den Ausschluss und die Marginalisierung von Frauen (engl.: wo/men)[17] aus dem Göttlichen bewirkt haben. Mit anderen Worten: Die rhetorische

---

[16] S. Jane Tompkins, "The Reader in History: The Changing Shape of Literary Response," in *Reader-Response Criticism: From Formalism to Poststructuralism* Baltimore: The John Hopkins University Press, 1980, 201-232.

[17] Kritische postmoderne feministische Studien haben die Funktion des Bedeutungsträgers Frau/weiblich problematisiert. Kritische Kultur- und Befreiungsstudien haben dagegen davor gewarnt, die feministischen theoretischen Gender-Analysen von ihrer soziopolitischen Funktion zu abstrahieren, da sie so das kulturelle Ideal der weißen „Lady" nur verfestigen. Diese Problematisierung der Basiskategorien feministischer Analyse haben in die Selbstverständnisse und Praktiken des feministischen Subjekts in eine Krise geführt. Ich versuchte, die Krise zu kennzeichnen, indem ich „**wo/men**" in einer gebrochenen Form geschrieben habe. Sie versucht nicht nur, die Kategorie der Frau („wo/man") zu problematisieren, sondern auch zu zeigen, dass Frauen („wo/men") nicht nur eine einheitliche soziale Gruppe, sondern durch Strukturen der Rasse, Klasse, der Ethnizität, Religion, Heterosexualität, des Kolonialismus und des Alters fragmentiert

G*TT: MIT VIELEN NAMEN

Analyse interessiert sich nicht so sehr für die neuzeitliche Frage, ob G*tt existiert, sondern für die befreiungstheologische Frage, wie Thea/ologie und Glaube über G*tt sprechen und was für eine/n G*tt ChristInnen bekennen und verkünden. Verkünden sie eine/n G*tt der Unterdrückung und Entmenschlichung oder eine/n G*tt der Befreiung und des Wohls, eine/n G*tt der Herrschaft oder des Heils? Sprechen wir von einer/m G*tt, der/die auf Seiten der Armen steht oder von einer/m, die/der sich mit den Inhabern der Macht alliiert?

Was ist G*ttes eigener Namen, wenn wir alle G*tt nicht nur in verschiedener Weise, sondern oft auch in zerstörerischen Weisen benennen? Wie ist unser Sprechen vom G*ttlichen, vom sozialen Ort unserer G*ttesrede geformt und wie gestaltet diese Sprache umgekehrt diesen Ort? Wer ist das Subjekt solcher Namensgebung und in wessen Interesse findet sie statt? Diese Fragen werden durch die Erfahrung einer multikulturellen Gesellschaft und eines wachsenden interreligiösen Bewusstseins intensiviert. Bei der Problematisierung der Frage, wer G*tt ist, sucht die feministische und emanzipatorische Forschung von einer philosophisch–ontologischen zu einer soziopolitisch- rhetorischen Konstruktion von Diskursen über G*tt überzugehen. Sie versucht die verborgenen Bedeutungsrahmen aufzudecken, die sowohl die herrschende als auch die feministische G*ttessprache bestimmen. Was Edward Said über die Aufgabe der Intellektuellen im Blick auf die Menschenrechtsdiskurse sagte, gilt gleichermaßen für die Artikulation befreiender Diskurse über G*tt.

Für die Intellektuellen bedeutet, „für die Menschenrechte" zu sein, in Wirklichkeit, dass sie die Interpretation dieser Rechte am selben Ort und mit derselben Sprache wagen, die von der herrschenden Macht verwendet wird, dass sie deren Hierarchie und Methoden disputieren, dass sie ans Licht bringen, was diese verborgen haben, dass sie aussprechen, was diese verschweigen oder unaussprechbar machen.[18]

Es ist hinreichend bekannt, dass ich diese kritisch thea/o-logische Aufgabe – „auszusprechen, was zum Schweigen gebracht wurde" und zu erhellen, was im christlichen Sprechen von G*tt untergegangen ist - von einer kritisch feministischen Befreiungsperspektive aus angehe. Was meine ich mit einer solchen feministischen Perspektive?

---

sind. Ich habe das getan, weil ich nicht der Meinung bin, dass Feministinnen die analytische Kategorie „Frau" („wo/man") völlig aufgeben und durch die analytische Kategorie des Geschlechts („gender") ersetzen können, solange wir die Gegenwart von Frauen (wo/men) in und durch unsere eigenen feministischen Diskurse nicht marginalisieren und auslöschen wollen.

[18] Edward W. Said, "Nationalism, Human Rights, and Interpretation," in Barbara Johnson (ed.), *Freedom und Interpretation. The Oxford Amnesty Lectures 1992* New York: Basic Books, 1993 175 - 206. 19.

Es gibt viele verschiedene Ausdrucksformen von Feminismus und die Vielfalt theoretischer Perspektiven spricht für die Stärke des Gebietes. Dennoch wird „Feminismus" immer noch stereotypisiert, und bleibt ein „schmutziges Wort", das mit männerhassenden verrückten Frauen in Verbindung gebracht wird. Deshalb ist es nötig, dass jede/r ihr/sein Verständnis von Feminismus erklärt. Mein Verständnis von Feminismus lässt sich am besten mit einem populären Autoaufkleber ausdrücken, auf dem steht: „Feminismus ist die radikale Ansicht, dass Frauen Menschen sind." Frauen sind keine Lasttiere, keine Sexobjekte oder Damen, sondern Frauen sind Vollbürgerinnen in Gesellschaft und Kirche. Mit anderen Worten, ich verwende eine soziopolitische und nicht eine anthropologisch-psychologische Definition von Feminismus. Theologisch gesprochen sind Frauen als Volk G*ttes nach Ihrem Bild und Gleichnis geschaffen, Repräsentantinnen von G*tt im Hier und Jetzt. Das Bild von G*tt wird von jeder einzelnen Frau und von allen Frauen beispielhaft dargestellt, besonders von denjenigen, die - am Boden der kyriarchalen Pyramide einer abgestuften Herrschaft lebend - für ihr Überleben und Wohlergehen kämpfen. Wenn ich für die Gegenwart G*ttes einen Ort angeben müsste, dann wäre er in den mutigen Kämpfen von vielfach unterdrückten Frauen für menschliche Würde und die Macht von Selbstbestimmung zu finden.

Da jedoch der Begriff Frau jetzt so viel debattiert wird wie der Begriff G*tt, muss ich erklären, wie ich diesen umstrittenen Ausdruck verstehe. Die „Frau" („wo/man") als das Subjekt feministischer Bewegungen und Theorien ist problematisiert und destabilisiert worden. Während kulturell führende Diskurse eine universale weibliche Essenz im Interesse von Unterdrückung konstruieren, hat feministische Theoriebildung einen solchen substantivischen Weiblichkeits- oder Gender- Begriff und seine kulturelle Einschärfung kritisch in Frage gestellt.[19] Ferner, um der Marginalisierung und dem Ausschluss der Frauen in den androzentrischen, besser: in den kyriozentrischen (d.h. auf Herrn/Meister/Vater zentrierten) Sprachen des Westens entgegenzuwirken , verwende ich den Begriff „Frauen" („wo/men") im Englischen so, dass dieses Wort Männer(„men") einschließt und das Wort „weiblich" („fe/male")" so, dass es „männlich" (male) einschließt, „Sie" („s/he") so, dass das Wort „Er" (he) miteinschließt,. In androzentrischen, grammatikalisch männlichen Sprachsystemen müssen sich Frauen immer zweimal denken und fragen, ob sie gemeint sind oder nicht. Meine inklusive rhetorische Verwendung von „Frauen" oder dem grossen I, wie z.B. in HörerInnen, lädt Männer beim Hören dazu ein, zweimal nachzudenken und sich zu fragen, ob sie gemeint sind, wenn ich z.B. das Wort ZuhörerInnen verwende. Ich empfehle dies als eine geistliche Übung für die nächsten tausend Jahre.

---

[19] Zur Verortung und Diskussion dieses Problems in feministischen Diskursen s. z.B. Tania Modleski, *Feminism Without Women. Culture und Criticism in a „Postfeminist" Age* New York: Routledge, 1991.

Eine feministische Bedeutungs-„Politik", um einen oft verwendeten, aber wenig verstandenen Ausdruck zu beschwören[20], muss sich m.E. mit dem Konstrukt „wo/man" beschäftigen, wenn ihre Diskurse über G*tt zum Ausdruck bringen sollen, was es bedeutet, dass „wo/men" Bild G*ttes sind. Eine solche Bedeutungs-Politik erforscht die Verbindungen zwischen feministisch thea/o-logischen Artikulationen und den theoretischen, historisch, kulturell und politisch begrifflichen Beziehungsrahmen, die herrschenden ebenso wie feministische Diskurse über G*tt prägen. Eine kritisch feministische Erforschung des Diskurses über G*tt in Bibel, Geschichte und Theologie ist nicht nur aus religiösen Gründen wichtig. Vielmehr sind diese religiösen Diskurse als „Meister-Erzählungen" („master narratives") der westlichen Kulturen, immer schon in die Produktion und Aufrechterhaltung der Wissens- und Glaubenssysteme verstrickt, die entweder Ausbeutung und Unterdrückung stärken oder zur Praxis und Vision einer Emanzipation und Befreiung fördern.

Im nächsten Teil meiner Ausführungen werde ich mich deshalb auf die feministische Intervention in die G*ttesrede konzentrieren, um aufzuzeigen wie Theologie als eine kritisch interpretierende Praxis kritisch bedenken muss, dass sie selbst vom kyriarchalen Wissen und seinen diskursiven Rahmenbedingungen imprägniert ist, die aus der Welt „Sinn" machen und produzieren, was als „Wirklichkeit" und als Alltagswissen gilt. Thea/ologie muss sich des rhetorischen Charakters ihrer eigenen G*tt-Diskurse bewusst werden und kritisch das Ethos beurteilen, das solche Diskurse fördern.

III. Feministisch thea/o-logische Interventionen in den Herrschaftsdiskursen über G*tt

Die feministische Diskussion von G*ttessprache [21] hat zwei Brennpunkte: Der eine befasst sich mit der Frage: Wie sollen wir über das Göttliche in einem androzentrischen Sprachsystem sprechen, das maskuline Begriffe wie das englische „man" (Mann/Mensch) und „Er" sowohl in einer geschlechtsspezifischen als auch in einer geschlechtsinklusiven Weise verwendet? Das andere Gebiet einer feministisch thea/o-logischen Forschung ist die Wiederentdeckung der Göttin. Beide Gebiete sind kontrovers; und ihre Ergebnisse sind nicht nur von traditionelle TheologInnen,

---

[20] Zu einer theoretischen Diskussion der Genderpolitik s. z.B. die Essays, gesammelt von Seyla Benhabib & Drucilla Cornell, *Feminism as Critique. On the Politics of Gender* Minneapolis: University of Minnesota Press, 1987. See also my book *Jesus und the Politics of Interpretation* (New York: Continuum, 2000).

[21] See Rebecca Chopp, *The Power to Speak. Feminism, Language and God* New York: Crossroad, 1989.

sondern auch von FeministInnen selbst in Frage gestellt worden. Ich will mich hier auf diese beiden Gebiete feministischer Versuche konzentrieren, das Sprechen über G*tt in inklusiven oder weiblichen Begriffen neu zu formulieren, da sie instruktiv sind für die methodologischen Probleme, denen wir beim Sprechen über G*tt im allgemeinen begegnen.

Erstens: Die oft hitzigen Diskussionen und heftigen Reaktionen[22] zur inklusiven oder gerechten Sprach-Übersetzung von Bibel oder Liturgie zeigt, wie tief männliche G*ttessprache und deren Vorstellungswelt dem christlichen Selbstverständnis[23] eingefleischt ist. Auch wenn die Schrift versucht, essentialistische Objektivierungen des Göttlichen als männlich zu vermeiden, indem sie verbietet, sich von G*tt ein Bild zu machen, so sind das biblische und das traditionelle Reden von G*tt doch vorherrschend männlich bestimmt. Kritische männlich orientierte und feministische biblische Studien haben breit dokumentiert, dass die Bibel in einer androzentrischen Sprache geschrieben und an Menschen in kyriarchalen Kulturen gerichtet, von ihnen gelesen und interpretiert worden ist.

Zwar kann die Bibel von G*tt in weiblichen Begriffen sprechen und weibliche Bilder verwenden, doch ist das biblische Sprechen von G*tt überwältigend kyriozentrisch, und seine patriarchalen Vorurteile sind vorherrschend. G*tt erscheint im Bild des mächtigen Kämpfers. Er handelt wie ein typischer nahöstlicher Potentat und Oberherr, der nicht nur die Feinde Israels, sondern auch Israel selbst vernichtet. Von ihm wird gesagt, dass er die umfassende Zerstörung von Städten und Reichen, von Männern und Frauen, von Kindern, Tieren und allen Lebewesen fordert. In seinem Zorn schickte er Überflutungen und Hagelschauer, Dürren und Pestepidemien, um Menschen und Erde zu zerstören. Oder G*tt wird als jemand geschildert, der Kinder missbraucht (vgl. Gen 22), sowie als sexueller Voyeur. So wird im Blick auf die Bestrafung gesagt, dass G*tt die Frauen des Königs mit dem ausdrücklichen Ziel der Vergewaltigung einem andern übergeben hat (2 Sam 12:11). Oder G*tt droht, „die Röcke Israels aufzuheben, um ihre Genitalien dem Anblick preiszugeben" (Is 3:17; Ez 16: 35-43; 23:9-10: 28-30).[24]

---

[22] S. z.B. Susan Brooks Thistlethwaite, *Sex, Race, and G*d: Christian Feminism in Black und White* New York: Crossroad, 1989 109ff.

[23] S. z.B. Donald Bloesch, *The Battle für the Trinity: The Debate Over Inclusive God Language* Ann Arbor: Sevant Publications, 1985; Alvin Kimel, ed., *Speaking the Christlich God* Grand Rapids: Eerdmans, 1992 und Werner Neuer, *Man und Wo/man in Christian Perspective* London: Hodder & Stoughton, 1990.

[24] Terence E. Fretheim, „Is the Biblical Portrayal of God Always Trustworthy?," in Terence E. Fretheim und Karlfried Fröhlich, *The Bibel As Word of G*d In A Postmodern Age* Minneapolis: Augsburg Fortress, 1998, 97-112.

Zugleich ist darauf hinzuweisen, dass die Bibel über G*tt nicht in philosophisch-ontologischer, sondern in metaphorischer, symbolischer, mythologischer und analoger Sprache spricht. Sie spricht in einer Vielfalt von Bildern, die nicht immer geschlechtsbedingt sind, aber alle Arten von patri-kyriarchalen Erfahrungen und kulturellen Konzepten übernehmen. Ferner verwendet die Bibel nicht nur menschliche Vorstellungswelten, um über das G*ttliche zu sprechen, sondern greift auf die Erfahrung der gesamten Schöpfung zurück. Sie sieht G*tt als Felsen, Licht, brüllenden Löwen, als Wasser, Liebe, im Handeln und in der Beziehung, im Drohen und Trösten, als G*tt „mit uns" und „über und gegen uns", als Elohim und Jahweh. Biblische Theologie besteht auf der Heiligkeit und völligen Andersheit ebenso wie auf G*ttes Ähnlichkeit und darauf, dass das G*ttliche in die menschliche Geschichte eingebettet ist. Sie verwendet die symbolischen Welten und Glaubenssysteme der umgebenden Kulturen und besteht zugleich darauf, dass es Abgötterei sei, sich von G*tt Bilder zu machen. Sie weiß, dass menschliche Sprache und Bilder nicht fähig sind, das Heilige zu begreifen und auszudrücken, obwohl die Glaubenden immer in Versuchung sind, G*tt auf eine begrenzte und verzerrte menschliche Verstehens- und Begriffsbildung zu reduzieren.

Trotzdem konnten die biblischen Diskurse über G*tt nicht die Gefahr vermeiden, den Monotheismus theologisch in den Begriffen des westlichen biologisch/sozialen Geschlechtssystems (sex/gender system) zu fixieren, weil sie in ihrer Rede von G*tt eine elitäre maskuline Sprache sowie entsprechende Metaphern und Bilder verwendet haben. Die Theologie schreibt eine solche kyriozentrische biblische Rede von G*tt fort, wenn sie z. B. den Diskurs über die Göttliche Weisheit oder über die *Shekinah* als metaphorisch versteht, aber zugleich den maskulinen Diskurs über G*tt, den Vater und Herrn, als eine beschreibende theologische Sprache versteht, die G*ttes Natur und Sein adäquat zum Ausdruck bringe. Solche Interpretationen in männlichen Begriffen verschleiern aber, dass nach jüdischer und christlicher Tradition menschliche Sprache über G*tt immer als metaphorische oder analoge Sprache zu verstehen ist. G*ttessprache ist symbolisch, metaphorisch und analog, weil menschliche Sprache die Wirklichkeit G*ttes nie angemessen verstehen und ausdrücken kann.

Feministisch biblische Übersetzung hat deshalb eine Sprachtheorie zu übernehmen, die keinen linguistischen Determinismus unterschreibt. Kyriozentrische Sprache ist nicht als eine „natürliche" Sprache von Aussagen zu verstehen, die die Wirklichkeit beschreibt und über sie nachdenkt, sondern als ein System grammatikalischer Klassifizierungen, das die Wirklichkeit in kyriarchalen Begriffen konstruiert. Die konventionelle Sprache wird von den Interessen einer kyriarchalen Gesellschaft und Kultur nicht nur produziert, sondern auch reguliert und durchdrungen. Wenn Sprache keine Widerspiegelung der Wirklichkeit, sondern eher ein soziokulturelles linguistisches

System ist, dann lässt sich das Verhältnis zwischen Sprache und Wirklichkeit nicht als eine wesenhafte „Gegebenheit" fixieren; diese wird vielmehr immer neu in Diskursen konstruiert. Das ist insbesondere dann wahr, wenn die Sprache über die g*ttliche Wirklichkeit spricht, denn sie kann in menschlicher Sprache nicht angemessen verstanden und ausgedrückt werden. Das Unvermögen, zu verstehen und auszudrücken, wer G*tt ist, macht jede Verabsolutierung von Symbolen, Bildern und Namen für G*tt unmöglich, seien sie grammatikalisch maskulin, feminin oder neutral. Im Gegenteil, solch eine absolute Relativität theologischer Rede von G*tt macht es erforderlich, Symbole, Bilder und Namen zu artikulieren, die die g*ttliche Wirklichkeit ausdrücken, die für Menschen unbegreiflich und unaussprechlich ist.

Wenn die Sprache eine sozial-kulturelle Konvention, Mittel der Macht und nicht eine Reflexion über die Wirklichkeit ist[25], dann ist theologisch nicht nur jede essentialistische Identifikation des grammatikalischen Geschlechts mit der göttlichen Realität abzulehnen, sondern auch jede Identifikation des grammatikalischen Geschlechts mit der menschlichen Realität zu vermeiden. Nicht alle Sprachen haben drei grammatikalische Geschlechter oder identifizieren das natürliche mit dem grammatikalischen Geschlecht. Männliche oder weibliche Identität werden nicht von der biologischen Sexualität her, sondern in und durch linguistisch soziale, kulturelle, religiöse oder ethnische Konventionen konstruiert.[26] So bedeuteten z.B. biologische Weiblichkeit und kulturelles Frausein etwas Verschiedenes für eine freigeborene Frau oder eine Sklavin in Athen, für eine Königin und ihre Dienerinnen im mittelalterlichen Europa, oder für die weiße Dame auf einer Plantage und ihre schwarzen Sklavinnen in Nordamerika.[27] Deshalb muss die feministische Theologie nicht nur auf die Gender-Diskurse, sondern auch auf die Diskurse über die Weiße Dame achten.[28] Sie muss

---

[25] Zur androzentrischen Sprache s. die verschiedenen Beiträge in: Deborah Cameron, ed., *The Feminist Critique of Language: A Reader* New York: Routledge, 1998.

[26] Vgl. z.B. Ean Beck, *The Cult of the Black Virgin* Boston: Arkana, 1985; Ivan Van Sertima (ed.), *Black Women in Antiquity* New Brunswick: Transaction Books, 1988; Martin Bernal, *Black Athena; The Afroasiatic Roots of Classical Civilization* New Brunswick: Rutgers University Press, 1988; China Galland, *Longing for Darkness. Tara und the Black Madonna* New York: Penguin Books, 1990.

[27] Elizabeth V. Spelman, *Inessential Woman: Problems of Exclusion in Feminist Thought* (Boston: Beacon, 1988) hat diese Beziehungen in der Antike und der modernen Welt graphisch nachgezeichnet.

[28] Zur Ausarbeitung dieses Ausdrucks s. Carby, H. V. „On the Threshold of Women's Era: Lynching, Empire und Sexuality", in Henry L. Gates (ed.) *Race, Writing, und Difference* Chicago: University of Chicago Press, 1986, 301-328. S. auch den Artikel von Kwok, Pui-Lan, „The Image of the White Lady: Gender und Race in Christian Mission" in Anne Carr und Elisabeth Schüssler Fiorenza (eds.), *The Special Nature of Women*, Philadelphia: Trinity Press International, 1991, 19-27.

sich dessen bewusst bleiben, dass Frauen nicht nur von ihrem biologischen Geschlecht, sondern auch von ihrer Rasse, Klasse und anderen Herrschaftsstrukturen her definiert sind, die ihr Geschlecht mitbestimmen.[29]

Kurz, die Debatte über eine inklusive biblische und liturgische Übersetzung verlangt, dass die Thea/o-logie über die Unangemessenheit einer andro-kyriozentrischen Rede über G*tt nachdenkt und dies als Problem erkennt. Diese Debatte treibt uns dazu an, den Kampf nicht nur mit dem konventionellen männlichen Reden über G*tt, sondern auch mit den exklusivistischen autoritären Funktionen und Implikationen einer solchen Sprache fortzuführen. Die herrschende Theologie muss sich m. E. mit feministischer Thea/ologie im Versuch treffen, die Symbole, Bilder und Namen des biblischen G*ttes im Kontext der Erfahrungen jener Frauen neu zu artikulieren, die an der Basis der kyriarchalen Pyramide kämpfen. Das muss auf eine Weise geschehen, die nicht nur die männliche, verknöcherte und verabsolutierte Rede über G*tt und Christus radikal in Frage stellt und untergräbt, sondern auch das Sex/Gender System des Westens völlig dekonstruiert. Nur dann wird die Thea/ologie fähig sein, die biblischen Möglichkeiten und Visionen von Befreiung und Heil[30] zu eröffnen, die historisch noch nicht verwirklicht worden sind.

Aber wie ist es überhaupt möglich, das G*ttliche in einer kyriarchalen Kultur und Gesellschaft in anderer Weise zu denken und zu benennen?[31] Wie kann von G*tt so gesprochen werden, dass die theologischen Symbole für G*tt nicht länger kyriarchale Machtverhältnisse legitimieren oder weiterhin den kulturellen Mythos des Männlichen und des Weiblichen in theologischen Begriffen einschärfen? Wie kann die maskuline Tradition des Redens von G*tt sowie deren Riten so korrigiert werden, dass wir Frauen uns theologisch als paradigmatische Manifestationen des G*ttlichen Bildes verstehen können? Wie kann der soteriologischen Aufwertung von kultureller Männlichkeit und Weiblichkeit in christlicher Theologie ein Ende gemacht werden?

Zweitens: Feministische Thea/o-logie hat versucht, diese Fragen ins Gespräch zu bringen, indem sie weibliche/feminine Bilder in die christliche Rede von G*tt ein-

---

[29] S. Susan Brooks Thistlethwaite, *Sex, Race, and God: Christian Feminism in Black and White* New York: Crossroad, 1989.

[30] S. z.B. die praktischen Übungen und liturgischen Rituale in Cady, Ronan und Taussig (eds.) *Wisdom's Feast: Sophia in Study und Celebration* New York: Harper & Row, 1989.

[31] Zu dieser Frage s. das wichtige Werk von Sallie McFague, *Models of God. Theology for an Ecological Age* Philadelphia: Fortress, 1987 und Ead., *The Body of God. An Ecological Theology* Minneapolis: Fortress, 1993.

führte.³² Sie tat dies, indem sie entweder die Spuren der weiblichen Vorstellungswelt in der Bibel – so etwa die Göttliche Weisheit – wieder aufwertete, oder indem sie verlorene Göttinnen-Traditionen wieder entdeckte.³³ Jüdische FeministInnen ihrerseits beriefen sich auf die weibliche Figur der *Shekinah*, insbesondere wie sie in der Kabbalah ausgearbeitet wurde, während christliche TheologInnen sich darauf konzentrierten, die Trinität in Begriffen der Relationalität und weiblicher Vorstellungen neu zu artikulieren³⁴. FeministInnen verschiedensten Glaubens begannen, das weibliche G*ttliche in Poesie, Liturgie und Kunst zu feiern. Sie versuchten, traditionelle Formeln und Riten nicht nur in inklusiven Begriffen, sondern in Sinne von Frauenerfahrung neu zu artikulieren.

Schließlich haben neuheidnische und post-biblische ThealogInnen Göttinnenkult und Göttinnentraditionen wiederbelebt.³⁵ Ihr Argument lautete, dass den patriarchalen Gesellschaften von Kämpfern friedliche matrilineare Gesellschaften vorangegangen sind, in denen die Göttin verehrt wurde. Sie haben nicht nur sogenannte prähistorische Göttinnen wiederentdeckt, sondern auch versucht, die Göttinnen des klassischen Rom, Griechenlands oder Ägyptens aus ihrer Einbettung in patriarchale Mythen zu befreien. FeministInnen, die auf dem Gebiet vergleichender Religionswissenschaft arbeiten, haben die Interessierten im Westen bekannt gemacht mit den Göttinnen Asiens, Amerikas, Afrikas und mit denen eingeborener Völker auf der ganzen Welt. In ihrem inzwischen klassischen Essay „Why Wo/men need the Goddess?" hat Carol Christ diese Frage nach der Göttin als eine Frage nach der geistlichen weiblichen Macht zusammengefasst.³⁶

In meinem eigenen Werk habe ich die Tradition der Göttlichen Weisheit-Sophia als einen, aber nicht als einzigen frühchristlichen Diskurs herausgearbeitet, der bislang unerfüllte Möglichkeiten für die feministische thea/ologische Reflexion eröffnen

---

[32] S. die Übersicht bei Linda A. Moody, *Wo/men Encounter God. Theology Across the Boundaries of Difference* Maryknoll: Orbis Books, 1996.

[33] Silvia Schroer, „Die göttliche Weisheit und der nachexilische Monotheismus", in Marie-Theres Wacker und Erich Zenger, eds., *Der eine Gott und die Göttin: Gottesvorstellung des biblischen Israel im Horizont feministischer Theologie* Freiburg: Herder, 1991, 151-183.

[34] S. Catherine Mowry LaCugna, „God in Communion With us," in Catherine Mowry LaCugna, ed, *Freeing Theology. The Essentials of Theology in Feminist Perspective* San Francisco: Harper san Francisco, 1993, 83-114 und Elizabeth A. Johnson, *She Who Is. The Mystery of God in Feminist Theological Discourse* (New York: Crossroad, 1992).

[35] S. Carol P. Christ, *The Rebirth of the Goddess: Finding Meaning in Feminist Spirituality* Reading, MA: Addison-Wesley Publishers, 1998.

[36] Carol P. Christ, „Why Women Need the Goddess: Phenomenological, Psychological, and Political Reflections," in Carol Christ & Judith Plaskow, Hgg., *Wo/men Spirit Rising: A Feminist Reader in Religion* San Francisco: Harper & Row, 1979, 273-87.

könnte.[37] Jüdische Sophialogie, die von einer interaktive Bedeutungsbildung apokalyptischer, prophetischer und weisheitlicher Traditionen gespeisr wird, wertet Leben, Kreativität und Heil inmitten von Ungerechtigkeit und Kampf auf. Die folgenden Elemente der biblischen Weisheits-Traditionen - unbegrenzte Offenheit, Inklusivität sowie kosmopolitischer Nachdruck auf Schöpfungsspiritualität und praktische Einsicht – sind nicht nur für feministische, sondern auch für befreiungstheologische Überlegungen in Asien besonders attraktiv gewesen.

Doch muss , auch darauf hingewiesen werden, dass manches feministische Reden von G*tt in Gefahr steht, einem „romantischen" Begriff der Weiblichkeit zu unterliegen[38]; oder was ich die Ideologie der „Weißen Dame" nennen möchte. Dabei steht es in Gefahr, in das Denken wieder die kulturell kyriozentrische Geschlechterdoppelung des Westens einzutragen, das Frauen und Weiblichkeit entweder abwertet oder sie zu etwas idealisiert, das höhere transzendente und heilbringende Qualitäten repräsentiert. Dadurch dass er die Weiblichkeit der Weisheit oder der Göttin feiert , kann ein solcher feministisch dualistischer Gender-Ansatz nicht umhin als damit die kulturellen kyriarchalen Herrschaftssysteme des Westens in theologischen Begriffen weiter zu schreiben, insofern er die herrschende Geschlechtsideologie von kultureller Weiblichkeit vergöttlicht, die von den Diskursen der „Weißen Dame" geprägt ist. Wann immer eine Thea/o-logie in den Bezugsrahmen eines wesenhaften Geschlechterdualismus verortet wird, kann sie nicht umhin als diesen ideologischen Bezugsrahmen zu reproduzieren.[39]

Um diese Falle zu vermeiden, die die kulturelle Weiblichkeit nur reproduziert, müssen wir die Texte m.E. ausdrücklich gegen den Strich des kulturell weiblichen Bezugsrahmens lesen und die Diskussion einer göttlichen weiblichen Gestalt von der ontologischen auf die linguistische und die symbolisch hermeneutische Reflexionsebene verschieben. Eine solche Verschiebung ist insofern gerechtfertigt, als göttlich weibliche ebenso wie göttlich- väterliche Gottessprache keine einheitlichen theologischen Diskurse über das Wesen und das wahre Sein G*ttes sind, sondern Diskurse, die eine diverse „reflexive Mythologie" verkörpern.[40] Die grammatikalisch maskuline

---

[37] S. *Jesus. Miriam's Child und Sophia's Prophet* , 131-163 und *Sharing Her Word. Feminist Biblical Interpretation in Context*, 137-160.
[38] S. die Runde-Tisch-Diskussion Catherine Madsen u.a.: „If God is God. She Is Not Nice," *Journal of Feminist Studies in Religion* 5/1 (1989) 103-118.
[39] S. z.B. Christa Mulack, *Jesus der Gesalbte der Frauen* Stuttgart: Kreuz Verlag, 1987.
[40] Zu diesem Ausdruck s. meinen Artikel „Wisdom Mythology und the Christological Hymns of the New Testament", in Robert L. Wilken, ed., *Aspects of Wisdom in Judaism und Early Christianity* Notre Dame: Notre Dame, 1975, 17-42. Fasziniert wurde ich von der Weisheitstradition im christlichen Testament im Zusammenhang mit dem Rosenstil Seminar (1973) über Weisheit im Frühen Judentum und Christentums, das vom Department of

Sprache, die die antiken Weisheits-Diskurse und deren moderne biblische Interpretation übernommen haben, hat es schwer, im „vorkonstruierten" kyriozentrischen Bezugsrahmen des jüdischen und christlichen Monotheismus adäquat von der göttlichen Weisheit zu sprechen. Insofern diese Sprache sich müht, die Umkehrung der göttlichen Weisheit in eine zweite weibliche Gottheit zu vermeiden, die der männlichen Gottheit unterworfen ist, kämpft sie auch gegen die theologische Verhärtung des Monotheismus im Sinne von Westlicher männlicher Elitekultur.

Bei ihrem Sprechen vom biblischen G*tt sind Schriftdiskurse und christliche Liturgien ebenso wie die herrschende Theologien dieser Gefahr erlegen, sofern sie vorrangig männliche Sprache, Metaphern und Bilder verwenden, wenn sie vom Göttlichen reden. Biblische Interpretation bekräftigt solch kyriozentrisches Reden von G*tt als „vorgegeben" oder geoffenbart, wenn sie die weiblichen Bilder für G*tt nur als metaphorische Begriffe versteht, aber das Reden über G*tt als den Vater, König und Herrn als eine beschreibende theologische Sprache begreift, die G*ttes Natur und Sein angemessen zum Ausdruck bringt.

Kurzum, nach meiner Überzeugung sind es weder der patriarchale Gott noch die matriarchale Göttin, weder das Maskuline noch das Feminine, weder göttliche Vaterschaft noch eine komplementäre Mutterschaft, die erlösen und retten. Vielmehr sind alle kyriarchalen Symbole – Männlichkeit und Weiblichkeit, helle und dunkle Hautfarbe, Herrschaft und Unterordnung, Wohlstand und Ausbeutung, Nationalismus und Kolonialismus – in einer ständigen feministischen Ideologiekritik sorgfältig auszutesten. Eine kritische feministische Befreiungstheologie darf sich weder nach der etablierten Dogmatik noch nach den kulturellen Herrschaftssystemen richten. Sie muss vielmehr versuchen, sowohl die negativen als auch die positiven G*tteserfahrungen von Frauen zu benennen und kritisch zu reflektieren. Dazu muss sie eine permanente kritische Selbstreflexivität in Gang halten, die einerseits fähig ist, ein Reden von G*tt zu verwerfen, das die hierarchisch Männlichkeit oder einen Idealtyp von Weiblichkeit fördert und damit das kulturelle Sex/Gender System des Westens in den Himmel projiziert.

Zugleich muss sie unaufhaltsam darauf bestehen, dass christliche Theologie und Frömmigkeit die himmlische Welt und das Göttliche nicht weiterhin in rein männlicher Sprache und in kyriarchalen Bildern benennen, die Frauen ausschließen. Um diesen andauernden kritischen Impetus in Gang zu halten, muss feministische thea/o-logische Reflexion m.E. die traditionellen Regeln für das Sprechen über G*tt, das sich in ontologisch-metaphysischen Begriffen vollzieht, transformieren, statt sie

---

Theology at University of Notre Dame gesponsert wurde. S. auch mein Buch *Wisdom Ways: Introducing Feminist Biblical Studies* (New York: Orbis, 2001).

einfach zu ergänzen oder dieses männlich ontologische Sprechen von G*tt durch ein weibliches zu ersetzen. Sie muss diese Regeln zu einer kritischen Methode weiterentwickeln, die die traditionellen Regeln für das Sprechen von G*tt neu begreift als rhetorische Strategien der Bestätigung, Verneinung, Vermehrung und Transformation. Nur eine theologische Strategie, die die klassischen Diskurse über G*tt mit einer Methode der Konstruktion und Neuschöpfung, der Symbolkritik und Erweiterung analysiert,[41] so meine Behauptung, ist fähig, einen befreienden Weg für eine gewinnende und umformende Sprache, für Symbole und Bilder von G*tt zu entwickeln.

IV. Traditionelle rhetorische Strategien für das Reden über G*tt

Eine kritische feministische Veränderungsrhetorik kombiniert die vier traditionellen Wege der Theologie, über G*tt zu reden, um so die Rhetorizität des Redens von G*tt zu erkunden:

Erstens, sie beginnt mit der Annahme, dass G*tt nicht ein G*tt der Unterdrückung, sondern der Befreiung ist, und versucht, dieser Überzeugung in vielfältiger Weise Ausdruck zu geben. Da G*tt ein G*tt der Befreiung und des Wohlseins ist, schreibt eine affirmative thea/ologische Strategie (*via affirmativa* oder *analogica*) G*tt in positiver Weise alles utopische Verlangen nach Befreiung und Wohlsein zu, von dem zahllose Menschen träumen und worauf sie hoffen. Solch ein affirmativer analoger Diskurs über G*tt darf sich jedoch nicht auf einen anthropologischen Individualismus beschränken, sondern muss an der Wirklichkeit und Vision der *basileia* G*ttes ausgerichtet bleiben. Ferner müssen sich affirmative Diskurse über G*tt immer dessen bewusst sein, dass ihre Sprache nur analog ist, weil G*tt die menschlichen Sehnsüchte nach Befreiung und unsere Bilder vom Heil überschreitet.

Weil der christliche G*tt meistens in männlichen Begriffen als Vater und Sohn verstanden wurde, hat diese affirmative Strategie des Redens von G*tt die besondere Aufgabe, neue Symbole und Bilder von Frauen in das Sprechen von G*tt einzuführen, so dass eine Tatsache ins Bewusstsein tritt: Frauen sind ebenso wie Männer, Schwarze ebenso wie Weiße, Junge ebenso wie Alte, Arme sind ebenso wie Reiche, Asiaten ebenso wie Europäer, ChristInnen ebenso wie JüdInnen, Hindus sind ebenso wie Muslime Bild G*ttes. Solange Thea/ologie sich des analogen Charakters des Redens von G*tt und des apophatischen Charakters des Göttlichen bewusst bleibt, wird sie auch fähig sein, in das christliche Sprechen von G*tt die Bilder und Namen

---

[41] S. Susan Heckman, *Gender und Knowledge. Elements of Postmodern Feminism* Boston: Northeastern Univ. Press, 1990, 152 -190.

der G*ttin einzuführen, die z. B. im Katholizismus in und durch die Mariologie übermittelt wurden.[42]

Gewiss, solche weiblichen Bilder für G*tt dürfen nicht auf abstrakte Prinzipien reduziert oder auf das ewig Weibliche beschränkt werden. Sie sind nicht zu sehen als die weiblichen Aspekte oder Attribute eines an sich männlichen Gottes, auch sind sie nicht auf eine Person der Trinität anzuwenden. Stattdessen sind die vielen verschiedenen Bilder von Frauen und die diversen Symbole der Göttin auf G*tt allgemein ebenso anzuwenden wie gleichermaßen auf alle drei Personen der Trinität. Ebenso wenig führt das Reden von Jesus Christus ein männliches Element in die Trinität ein, und weibliche Symbolsprache ist nicht dazu zu verwenden, G*tt eine Weiblichkeit oder Mutterschaft zuzuschreiben, deren/dessen Wesen zuvor als männlich definiert ist. So wie ja auch ein Bezug auf das Lamm G*ttes keine animalischen Merkmale einführt, oder die Rede von G*tt als Licht das Göttliche nicht als ein Astralelement ausweist, so darf auch das anthropomorphe Reden von G*tt nicht so missverstanden werden, als wolle es an Weiblichkeit oder Männlichkeit als einer Qualität oder als einem Attribut des Göttlichen festhalten. Schließlich, solch eine kritisch-affirmative Integration weiblicher Symbole und Bilder der G*ttin in die christlichen Diskurse über G*tt könnte es einer Thea/ologie ermöglichen, klar zu machen, dass Frauen ebenso wie Männer Abbilder G*ttes sind, die G*tt repräsentieren.

Wie Judith Plaskow für die jüdische Theologie gefordert hat, so müssen auch christliche Feministinnen darauf bestehen, dass die christliche Theologie ihre „Angst vor der Göttin" überwindet.[43] Die Bedrohung des jüdischen und des christlichen Monotheismus besteht ja nicht in der Verehrung der Göttin[44], sondern in der Tatsache,

---

[42] So eine Weise vielgesichtiger theologischer Assoziation und imaginativer Erweiterung kommt z. B. zum Vorschein im Akathistos, einem marianischen Hymnus der Östlichen Kirche. An ihm kann man sehen, wie solch eine biblische Sprache sich in feministischer Form aneignen lässt.: „Gegrüßt, du Meer, das verschlungen den heiligen Pharao; gegrüßt, du Fels, der getränket, die nach Leben dürsten; gegrüßt du, Feuersäule, die jene im Dunkeln geführt; ....Gegrüßt, o Land der Verheißungen; gegrüßt, du, aus der Honig und Milch fließt. Gegrüßt, du unversehrte Mutter...." Vgl.. Gerhard G. Meersemann, ed., *Der Hymnos Akathistos im Abendland. Die älteste Andacht zur Gottesmutter* Freiburg: Herder, 1958.

[43] Judith Plaskow, *Standing Again at Sinai. Judaism from a Feminist Perspective* San Francisco: Harper & Row, 1990, 121 - 169.

[44] Als eine extensive kommentierte Bibliographie s. Anne Carson, *Goddesses & Wise Women. The Literature of Feminist Spirituality 1980 - 1992* Freedom: The Crossing Press, 1992; zu einer interreligiösen Diskussion s. Carl Olsen (ed.), *The Book of the Goddess. Past und Present* New York: Crossroad, 1983; zu eine persönlichen thealogischen Rechenschaft s. bes. Carol P. Christ, *Laughter of Aphrodite. Reflections on a Journey to the Goddess* San Francisco: Harper & Row, 1987.

dass der Monotheismus für die religiöse Legitimation patriarchaler Herrschaft missbraucht wird. Diese Herrschaft hat nicht nur die Ausbeutung von Frauen sanktioniert, sondern auch die Ausbeutung der Armen, der unterlegenen Rassen und Religionen. Die heilbringende Macht des biblischen G*ttes der Gerechtigkeit und Liebe wird nicht vom Göttinnenkult bedroht, sondern durch Ihren/Seinen Missbrauch als Idol zur Verfestigung kyriarchaler Interessen.[45]

Zweitens: Da G*tt die menschliche Erfahrung radikal überschreitet, da Sie/Er/Es das X jenseits von Jenseits-Sein ist, vermag keine menschliche Sprache, auch nicht die der Bibel, adäquat vom Göttlichen zu reden. Deshalb unterstreicht die *via negativa* der klassischen Theologie, dass wir nicht eigentlich zu sagen vermögen, wer G*tt ist, sondern immer wieder betonen müssen, wer G*tt *nicht ist*. **Er** *ist nicht wie* ein Mann, *nicht wie* ein Weißer, *nicht wie* ein Vater, *nicht wie* ein König, *nicht wie* ein Herrscher, *nicht wie* ein Herr. **Sie** ist auch *nicht wie* eine Frau, *nicht wie* eine Mutter, *nicht wie* eine Königin, *nicht wie* eine Dame. **Es** ist auch *nicht wie* Feuer, *nicht wie* ein Mutterschoß, *nicht wie* ein Wind, *nicht wie* ein Adler, *nicht wie* ein brennender Busch.

Weil die christliche Tradition und Theologie für ihr Reden vom G*ttlichen meist eine maskuline Sprache verwendet hat, muss Thea/ologie sich heute insbesondere darauf konzentrieren, die Unangemessenheit einer solch maskulinen Sprache, Vorstellungs- und Titelwelt für das Unnennbare herauszuarbeiten und deren alleinige und oft ausschließliche Nutzung für das Reden von G*tt zurückweisen. Dasselbe gilt für die Symbolsprache und die Bilder, die das G*ttliche mit dem ewig Weiblichen oder mit der ewigen Andersheit identifizieren. Solch eine kritische Zurückweisung und Dekonstruktion einer kyriozentrischen Männlichkeit und Weiblichkeit, Lenkung und Unterwerfung, Orthodoxie und Häresie als Determinanten für das Reden von G*tt, ist eine der wichtigsten Aufgaben nicht nur feministischer Theologie.

Die *dritte* Strategie der klassischen theologischen Reflexion, die *via eminentiae*, setzt die beiden ersten Strategien voraus, betont aber, dass sowohl die Ablehnung des männlichen Reden von G*tt als auch die Art, von G*tt positiv als Göttin zu reden, nicht genügen. Göttliches ist immer größer und immer mehr, als menschliche Sprache und Erfahrung ausdrücken können. Dieser „Überschuss" des Göttlichen macht eine bewusste Vermehrung und Erweiterung von Bildern und Symbolen für G*tt notwendig, die nicht nur vom menschlichen Leben, sondern auch von der Natur und von kosmologischen Wirklichkeiten abgeleitet sind.

---

[45] Zu den Zusammenhängen zwischen dem Sprechen von G*tt und Selbstachtung s. Carol Saussy, *God Images and Self Esteem. Empowering Women in a Patriarchal Society* Louisville: Westminster: John Knox Press, 1991.

Die *via eminentiae* vermag es, einen reichen Schatz von Symbolen und Metaphern von den vielfältigen Bildern und Traditionen der G*ttin her für theologische Diskurse über das G*ttliche wiederzugewinnen. Man kann einer solchen Methode der Neuschöpfung und Erweiterung der Götinnenbilder nicht vorwerfen, dies bedeute eine Remythologisierung des Göttlichen. Dieser Vorwurf übersieht, dass alles Reden über das Göttliche mythische Bilder und Symbole verwendet. Eine Strategie der Mythologisierung führt zwar mit Notwendigkeit zu einer Vielfalt von Mythen und Mythologien, ihr Ergebnis ist aber kein Polytheismus, solange sie innerhalb der rhetorischen Grenzen bleibt, die von der *via negativa* und *via analogica* gesetzt werden. Eine solche Strategie, die sowohl kulturell-religiöse Bilder der G*ttin von verschiedenen sozialen und religiösen Orten her zusammenbringt, diese rekonstruiert und neu in das christliche Reden von G*tt integriert, würde zu einer Artikulation des G*ttlichen führen, das nicht länger als männlich exklusiv oder als Herrschaftsagentin konzeptualisiert würde.

Viertens, die letzte traditionelle theologische Strategie, die *via practica*, wird gewöhnlich mit Liturgie und Spiritualität assoziiert. Doch sucht eine kritisch feministische Thea/o-logie, das Reden von G*tt[46] in der Praxis und in der Solidarität antikyriarchaler gesellschaftlicher und kirchlicher Befreiungsbewegungen zu verorten. Die Kreativität und die Emotionalität der Göttinnenspiritualität müssen innerhalb dieses Befreiungsdiskurses verortet werden, damit sie nicht in kyriarchal reaktionärer Weise missbraucht werden.

Zwar ist G*tt „jenseits" von Unterdrückung, doch kann Ihre offenbarende Gegenwart inmitten der Kämpfe gegen Entmenschlichung und Ungerechtigkeit erfahren werden. Deshalb ist das G*ttliche immer neu zu benennen in solchen Erfahrungen des Kampfes für die Veränderung und Umbildung unterdrückender Strukturen und entmenschlichender Ideologien. G*tt ist als aktive Macht der Gerechtigkeit und des Wohlseins in unserer Mitte zu benennen. Sie/Er ist es, die uns in unseren Kämpfen gegen Unrecht und für Befreiung begleitet, genauso wie Sie/Er die Israeliten auf ihrem Weg durch die Wüste von der Sklaverei zur Freiheit begleitet hat.[47]

(Übersetzung: Waltraud Förstl)

---

[46] Vgl. Ruth C. Duck, *Gender and the Name of God. The Trinitarian Baptismal Formula* New York: The Pilgrim Press, 1991.
[47] S. *Wisdom of Solomon* 10:1-21.

HERMANN HÄRING

Sprechen über Gott anno 2003 - Kommentar und Weiterführung

Sprechen über Gott im Jahre 2003? Fragen wir im Blick auf die vorangegangenen Beiträge dieses Sammelbandes konkret: Was hat sich in der Thematik, in der gesellschaftlichen Wirklichkeit, in der theologischen Reflexion, im „objektiven Geiste" der vergangenen fünf Jahre geändert? Ich könnte mir die Antwort einfach machen, indem ich darauf hinweise: Das Sprechen über Gott ändert sich immer nur langsam, wohl auch nur großräumig. In der Regel lässt das Nachdenken über Gott kaum Denksprünge zu. Qualitative Umschläge und Fulgurationen, gar situationsverändernde Geniestreiche sind kaum zu erwarten[1], jedenfalls hat es sie nicht gegeben. Im Gegenteil, ein neues Interesse an den Klassikern einer neuen Rede von Gott scheint wiederzuentstehen[2]. Und wenn es so wäre, dann gälte wohl immer noch Nietzsches Wort, dass wirklich umwälzende Gedanken immer auf Taubenfüßen daherkommen.

Zudem hat sich die Konstellation der vorigen Beiträge als ein Glücksfall erwiesen, vor allem deshalb, weil keiner der Beiträge in den Fehler nostalgischer Aufarbeitung oder Nacharbeit verfiel. Alle haben entweder den Puls neuer Entwicklungen innerhalb des Glaubens abgetastet (so etwa die Analysen und Klassifizierungen von R. J. Schreiter), oder sie haben die Orientierungskategorie der Säkularisierung entschieden hinter sich gelassen, um neuere säkulare Entwicklungen auf den Begriff zu bringen (J. A. van der Ven). Sie haben einen Ausblick auf die innere Umschichtung in der kirchlichen und allgemeinen Glaubenssprache gewährt (A. Houtepen) oder eine Probe des interreligiösen Denkens geboten, das an vielen Orten vital und auf vielfältigste Weise aufbricht (K.-J. Kuschel). Sie haben in dem m.E. besonders wichtigen Beitrag von E. Schüssler-Fiorenza gezeigt, dass und wie ein gesellschaftskritisch-emanzipatorischer Ansatz nicht als eine Zwischenperiode, sozusagen als Nachbeben der sechziger und siebziger Jahre abgetan werden kann, sondern erst am Anfang seiner Entwicklung und seiner Aufgabe steht. So ist diese Gestalt feministischer Theologie umso wichtiger, als die Befreiungstheologie in Westeuropa - wie es scheint und hoffentlich nur vorläufig – ihren Einfluss verloren hat.

---

[1] Ch. Lamb, D. Cohn-Sherbok (Hg), *The Future of Religion. Postmodern Perspectives*, London 1999; S. Gärtner, *Gottesrede in (post-)moderner Gesellschaft. Grundlagen einer praktisch-theologischen Sprachlehre*, Paderborn 1999.

[2] Auffällig sind die Neuauflagen von Klassikern eines neuen Redens von Gott, so z.B.: J. Robinson, *Honest to God*, London NA 2001; S. Bruce, *God is Dead. Secularization in the West*, Oxford 2002.

I. Situationsbeschreibungen und Zukunftskonzepte

Leserinnen und Leser haben in diesen Beiträgen bleibend gültige Situationsbeschreibungen, Zukunftskonzepte und Aufgabenstellungen erhalten. Sie haben sich inzwischen nur noch entschiedener bewahrheitet, deutlicher profiliert und ins Bewusstsein von Christinnen und Christen umso mehr eingeprägt, als sie den Blick ausgeweitet haben über die eigene Stadt, das eigene Land und die eigene Kultur.

1. Formen des Glaubens

Daraus lässt sich ein umfangreiches Lernprogramm ableiten.
Zu lernen ist endlich, dass wir von den traditionellen Formen einer normativen Glaubensanalyse Abstand nehmen müssen[3]. Zwar gibt es Inhalte unseres Erinnerns, die nach wie vor unsere Identität bestimmen[4]. Aber in einer Zeit, da Kulturfetzen und ganze Kulturen auf Wanderung gehen, und da die Situationen einzelner Menschen oder Menschengruppen in jeweils derselben Gesellschaft immer mehr auseinander triften, kann eine bestimmte Glaubensgestalt an sich nicht mehr den Ausschlag geben[5]. Die Typologie von *Robert J. Schreiter* hat gezeigt, dass und wie die verschieden situierten Menschen (die Armen, die Immigranten, die Post-Materialisten, die Fundamentalisten und die hingebungsvollen Agnostiker) jeweils ihre eigene Glaubensform entwickeln. Wer Glauben beurteilen will, hat deshalb auf die Folgen zu achten, zu denen eine bestimmte Glaubenspraxis führt. Wer aber die Gestalten eines Glau-

---

[3] M.L. Frettlöh/J.-D- Döhling (Hg), *Die Welt als Ort Gottes – Gott als Ort der Welt. Friedrich-Wilhelm Marquardts theologische Utopie im Gespräch*, Gütersloh 2001; J. Moltmann/C. Rivuzumwami (Hg), *Wo ist Gott? Gottesräume – Lebensräume*, Neukirchen-Vluyn, 2002

[4] E. Borgman, Identiteit verwachten. Van theologische antropologie naar cultuurtheologie, in: *Tijdschrift voor Theologie* 42 (2002) 2, 174-196; A. Lascaris u.a. (Hg), *Scherven brengen geluk. Identiteit en geloven in een wereld van verschillen*, Nijmegen 1996; D. Mieth, H. Häring, M. Junker Kenny (Hg), Themenheft *Identität: biographisch – moralisch – religiös*, Concilium 36 2000/2).

[5] P. Beer, *Kontextuelle Theologie. Überlegungen zu ihrer systematischen Grundlegung*, Paderborn/Münster 1995; R. Fornet-Betancourt, *Kulturen zwischen Tradition und Innovation. Stehen wir am Ende der traditionellen Kulturen?*, Frankfurt/M, 2001; W. Gräb u.a. (Hg), *Christentum und Spätmoderne. Ein internationaler Diskurs über Praktische Theologie und Ethik*, Stuttgart 2000; J. Gruppelaar / J.-P. Wils (Hg), *Multiculturalisme*, Best 1998; H. Häring, Spiegel und rätselhafte Gestalt, in: D. Mieth / H. Snijdewind (Hg), *Religion zwischen Gewalt und Beliebigkeit*, Tübingen/Basel 2001, 25-65; T. Schreijäck (Hg), *Christwerden im Kulturwandel. Analysen, Themen und Optionen für Religionspädagogik und Praktische Theologie, ein Handbuch*, Freiburg 2001. Natürlich lässt sich diese Arbeit nicht auf kontextuelle Untersuchungen gegenwärtigen Glaubens zu beschränken. Sie hat mit der kontextuellen Analyse neutestamentlicher Dokumente zu beginnen: Beutler (Hg), *Der neue Mensch in Christus. Hellenistische Anthropologie und Ethik im Neuen Testament*, (Quaest. Disp. 190), Freiburg 2001.

bens verstehen will, hat die Lebensbedingungen zu untersuchen, in denen sich Menschen befinden.

2. Neuer Polytheismus?

Zu lernen ist ferner: Die Relativierung der klassischen Säkularisierungsthese sowie das neue Interesse an Religion und Religiosität in den westlichen Gesellschaften bedeuten keinesfalls die Rückkehr eines unbeschädigten und unveränderten Christentums. Wir können den Katastrophenalarm, der spätestens in den sechziger Jahren des vergangenen Jahrhunderts auch unter Katholiken ausgerufen wurde, in absehbarer Zeit nicht beenden. Nein, in zunehmendem Maße werden wir mit neuen und ungewohnten religiösen Erfahrungen konfrontiert, deren Qualität erst noch zu erkunden ist. Wir werden verunsichert durch Bilder des Göttlichen, die wir für widerlegt und kulturell überholt hielten. Pantheismus wie Polytheismus, was sie im einzelnen auch bedeuten, scheinen ihr Haupt wieder zu erheben und Sinnvolles zur Sprache zu bringen. Aber was ist mit dieser Feststellung gesagt? Auch *Johannes A. van der Ven* weiß: Kein kulturell gewachsener Begriff, und mag er noch so intensiv durchdacht und argumentativ noch so gut abgesichert sein, kann den kontingenten und begrenzenden Kontexten des Vergangenen und des Gegenwärtigen entgehen. Auch er weiß und sagt es in aller Deutlichkeit, dass ein neuer Polytheismus oder Pantheismus – falls es sie gibt – kein naives und kein modern reflektiertes, sondern ein postmonotheistisches Phänomen ist, ein Phänomen also, das auch aus der Frustration mit dem Monotheismus lebt und darauf reagiert.

Für mich als Dogmatiker war es auf dem hier dokumentierten Kongress einer des spannendsten Momente, als nach dem Vortrag von *van der Ven* genau zu diesem Punkt eine Diskussion aufbrach. Etwas Erstaunliches geschah nämlich (und Ähnliches wiederholt sich öfters auch an anderen Orten): Ausgerechnet die Dogmatiker – die doch als konservativ, als traditionell und als normativ monotheistisch bekannt sind – fanden *van der Vens* Thesen vom aufkommenden Pantheismus und Polytheismus gar nicht so neu. Haben wir nicht immer schon gewusst, dass es zwischen dem gegenwärtigen und in uns lebenden und dem streng jenseitigen Gott eine unaufhebbare Dialektik gibt? Haben wir nicht immer schon darauf hingewiesen, dass der eine Gott nur in vielen Gottesbildern erfasst, erlebt und vollzogen werden kann? Wie soll denn der asiatische Besucher einer barocken westlichen Kirche auf die Idee kommen, er hätte es mit einer monotheistischen Religion zu tun? Worin unterscheiden sich also die neuen Erfahrungen, deren Inhalten die Empirische Theologie sich empirisch nähert, von der quasi zeitlosen Vielfalt einer göttlichen Gegenwart, mit denen sich Systematiker in der theologischen Zunft schon immer beschäftigen?

Kleiner wissenschaftstheoretischer Diskurs

Ich sehe für diese unerwartete Diskussion zwei Gründe. Der eine liegt in der verschiedenen Gewichtung von empirischem und systematisch-reflektierendem

Zugang, der andere (damit verbunden) in der unvermeidlichen Unschärfe der jeweils verwendeten Begriffe. Der erste Grund verweist auf ein methodisches, der zweite auf ein hermeneutisches Problem.

Im ersten Fall liegen die faktisch-empirische und die normativ-identifizierende Beschreibung des Göttlichen miteinander im Streit. Empiriker entwickeln ein sensibles Gespür für die faktischen Änderungen in dem, was Menschen denken und fühlen, sowie in der Art, wie sie ihre Sprache modellieren oder sich bestimmten Leitbildern anvertrauen. Von dort aus formulieren sie ihre Mahnungen und Warnungen an diejenigen, die den christlichen Glauben normativ festlegen und in Formeln eingrenzen möchten. Wer jedoch den systematisch-reflektierenden Gedanken (also das Nachdenken über Glaube, Offenbarung oder normative Tradition) als Medium Wahrheit schätzt und – vorschnell? – unter die Oberfläche des Veränderlichen schauen will, wählt einen anderen Zugangsweg. Zwar nehmen Theologinnen und Theologen von der systematischen Zunft die Empirie gerne zur Kenntnis (eine empirische Theologie halte ich zudem für unabdingbar), aber sie versuchen, das empirisch Erarbeitete an ihren identifizierenden Erinnerungen oder Glaubenskonzepten, an vergangenen Diskursen oder Gedankengebäuden zu messen. Während Empiriker also den Pan- und den Polytheismus mit ebenso großer Wachheit registrieren wie den Glaubensfanatismus und den Glaubensverlust, messen die Systematiker diese Erscheinungen an alten Phänomenen und Möglichkeiten.

Im zweiten, dem hermeneutischen Konfliktfall, führt die Diskussion zwischen Empirikern und Systematikern sogleich zur Verstehensfrage. Was genau meinen wir eigentlich, wenn wir von Theismus, Pan- oder Polytheismus, wenn wir also von Gott und der Erfahrung des Göttlichen reden? Schon eine erste Diskussion zeigt Erstaunliches. Empiriker weisen ihre Kolleginnen und Kollegen zu Recht darauf hin, dass diese Begriffe ständig im Flusse sind, weil sie von konkreten Erscheinungen genährt werden. Selbst der Gedanke des Monotheismus ist alles andere als eindeutig, wie wir in den Diskussionen mit J. Assmann gelernt haben. Die genaue Bedeutung des Begriffs hängt nämlich – zu Beginn jedenfalls – von der genauen Rekonstruktion des frühen Mosesglaubens ab. Dabei beobachten jedoch die Systematiker nicht ohne Genuss: Auch die härtesten Empiriker sind bisweilen von einem Übermaß von Gedanken, Vor-begriffen und Vor-urteilen bestimmt. Wir alle kennen empirische Agnostiker, die mit großer Lust ihren Kinderglauben, die Theologie ihrer theologischen Lehrer oder des kirchlichen Lehramts attackieren, damit aber dem Stand aktueller systematischer Reflexion nicht gerecht werden.

Das ist einer der Gründe, weshalb die Verstehensfrage so in den Vordergrund gerückt ist. Wir lernen die Situation insgesamt nur dann besser kennen, wenn wir der Sache in end-losen Prozessen des Fragens und Interpretierens, des erneuten

Suchens und Bewertens, von Kritik und erneuter Kommunikation nachgehen. So kommt es gerade nicht darauf an, wertende Urteile aufzugeben und in neutral beschreibende Aussagen zu transformieren, sondern wir müssen sie nachvollziehbar und plausibel machen. Ebenso wenig kommt es darauf an, normative Aussagen zu konstruieren oder zu bestätigen, sondern wir müssen die Verbindlichkeit des Wahren selbst herausarbeiten. Deshalb bleibt das Gespräch zwischen Empirischer und Systematischer Theologie für die Frage nach Gott einer der Grundmotoren post-moderner Wahrheitssuche. Eine intensive hermeneutische Vernetzung der innertheologischen Disziplinen ist unabdingbar.[6]

3. Pluriformität und Kulturverlust

Aktueller denn je ist auch die Thematik der „Multikulturalität", ein von *Anton Houtepen* weniger geliebtes Wort, da er den Begriff „Pluriformität" vorzieht. Aufs Ganze gesehen zieht er die Schlinge der Fragen noch weiter zu. Konsequent geht er mit seinem kultur-hermeneutischen Ansatz einer anderen Spur nach. Es sind – von Glaube und Kirche aus gesehen - die Verschränkungen von einer inneren und einer äußeren, also einer innerkirchlichen und allgemein kulturellen Pluriformität. Er erinnert daran, dass wir die äußeren, die kulturellen und habituellen Unterschiede schon längst zu inneren Unterschieden der Glaubensgestalt und kirchlichen Praxis gemacht haben. Die Pluralität ist schon lange zum internen Problem geworden. Auch innerhalb der Kirchen schreitet die Vielförmigkeit immer voran. Sie führt zu Punkten, an denen niemand mehr das Ganze übersieht, beurteilen und angemessen bewerten kann. Die unkontrollierten Flickenteppiche, das mühsame Zusammenbasteln neuer Identitäten wird immer mehr zur Basiswirklichkeit christlicher Gemeinden. „Patchwork" und „bricolage" also auch hier. In den Kirchen geraten wir geradezu in einen Schwebezustand gemeinschaftlicher, liturgischer und ästhetischer Befriedigung. Die Maßstäbe von innen- und außenständiger Befriedigung gleichen sich an.

Falls keine Absprachen getroffen werden und wir es nicht lernen, mit diesen Entwicklungen umzugehen, führt dieser innere Schwebezustand wahrscheinlich nicht nur zu einer fruchtbaren Pluriformität, sondern zur Selbstauflösung aller Formen: das eigentlich unerwartete Problem. Und wahrscheinlich kann die Empirie damit besser umgehen als die Systematische Theologie. Die Empirie nämlich braucht nur festzustellen. Sie entdeckt, zählt auf, konstruiert idealtypische Zuordnungen. Die Systematische Theologie hingegen sieht ihre Begriffe und Definitionen irrelevant werden und zerfließen. Die Empirie sollte sich darüber nicht zu früh freuen, denn für ihre Systeme leiht sie immer noch bei früheren Theo-Systemen ihr Begriffe und Zuordnungen aus. Was aber bieten die neuen Begriffe, auf die sich dann eine kluge

---

[6] B. Vedder, *Was ist Hermeneutik? Ein Weg von der Textdeutung zur Interpretation der Wirklichkeit*, Stuttgart 2000.

Systematische Theologie bezieht? Aus pessimistischer Perspektive müssen wir sagen: Es gibt sie nicht. Die post-modernen Schwebegefühle nämlich können diejenigen nicht befriedigen, die sich wirklich auf die Wahrheit beziehen wollen; sie weichen auf einen neuen Fundamentalismus aus.

A. Houtepen gibt dafür auch einen wichtigen Grund an, und darin geht sein Beitrag einen Schritt weiter als die anderen hier versammelten Überlegungen. Das religiöse Hauptproblem unserer Gesellschaft sieht er nicht in deren Pluralisierung, wie er seine Haupterwartungen nicht in ein neu erwachtes Interesse für Religion legt. Viel wichtiger ist für ihn der von ihm analysierte „Agnosmus", d.h. ein leises und geräuschloses Verschwinden Gottes aus unserer westlichen Kultur, also aus den hoch industrialisierten und zugleich hoch medialisierten Gesellschaften.

Hier scheint aus kulturanalytischer Sicht das eigentliche Problem des wachsenden Gottesverlustes zu liegen. Die Bande und kulturellen Verankerungen zwischen Religion und allgemeiner Kultur (was das immer auch sei) haben sich nicht nur gelockert oder in ungesunder Weise verschoben, sondern sie sind, wie es scheint, amorph, beliebig, irrelevant geworden[7]. Dies ist für das Phänomen Religion umso schlimmer, als Religion (jedenfalls in monotheistisch geprägten Kulturen) immer die Funktion umfassender Integration, des Schlusssteins im komplizierten Gewölbe der Bedeutungen und kultureller Sinngebungen gehabt hat. Wenn diese Integrationsfunktion verschwindet, - wenn Religion (nun selbst zum pluralen Phänomen geworden) zum pluralisierenden Faktor der Gesellschaft und zum Grund einer Pluriformität wird, die sich immer mehr steigert, wenn also religiöse Erfahrungen und Praktiken die Vielfalt der Fragen nicht integrieren, sondern auf einer unerwarteten die Vielfalt potenzieren, wenn Religion ausgerechnet in einer von Moral, Schuld und Verantwortung geprägten Gesellschaft keine letzte Orientierung mehr bietet, wenn ihre klassische Wirkung gerade dann ins Gegenteil umschlägt, wenn ihre Einheitsfunktion immer gesucht und gewünscht wird, wenn Religion sich also ausgerechnet auf der Ebene von Normen und Werten pluralisiert, dann wird sie schlicht und einfach als abwesend erfahren; man erkennt sie nicht wieder, weil sie sich bis zur Unkenntlichkeit verändert hat.

Kleiner kulturtheologischer Exkurs
Natürlich ist das u.a. die Folge dessen, was wir selbst zur Bekämpfung der Religionskritik oder zur Stärkung einer individualisierten Religion propagiert haben[8]. An diesem Punkt treffen sich die gegenläufigen Phänomene von einerseits einer

---

[7] D. Korsch / E. Rudolph, *Die Prägnanz der Religion in der Kultur. Ernst Cassirer und die Theologie*, Tübingen 2000; M Moxter, *Kultur als Lebenswelt. Studien zum Problem einer Kulturtheologie*, Tübingen 2000.
[8] Th Brose (Hg), *Religionsphilosophie. Europäische Denker zwischen philosophischer Theologie und Religionskritik*, Würzburg 1998; M. Jung u.a., *Religionsphilosophie – Historische Positionen und systematische Reflexionen*, Würzburg 2000.

fortschreitenden Rationalisierung (die aus traditionellem Erwartungshorizont als Säkularisierung wahrgenommen wird) und andererseits einer amorphen oder „transformierten" Religiosität[9]. Ich werde weiter unten die Vermutung begründen, dass daraus eine hermeneutische Implosion der Gottesfrage überhaupt folgt. Wir werden mit der Gottesfrage erst dann wieder sinnvoll umgehen, wenn wir auf sie verzichtet haben. Immerhin hat schon E. Jüngel die These vertreten, dass Gott eben nicht notwendig, sondern „mehr als notwendig" ist[10].

Unsere Generation ist also nicht die erste, die diesen Gedanken entdeckt. Seit Nietzsche wurde er immer wieder gedacht, zuerst außerhalb, dann innerhalb des Christentums. Ich nenne hier nur die Namen, die in diesem Zusammenhang immer wieder genannt worden sind. Es sind dies Dietrich Bonhoeffer[11] und Rudolf Bultmann[12]. Der Erstgenannte hat nur wenige Bemerkungen niedergeschrieben zur Religionslosigkeit einer kommenden Epoche und zu einem nicht mehr notwendigen Gott, zur Mündigkeit des religiösen Menschen und zu einem Experiment des Lebens ohne Gott. Diese Bemerkungen haben zu vielen Überlegungen geführt, wurden aber nie zu Ende gedacht[13]. Der Zweite ist Rudolf Bultmann, dessen Entmythologisierungsprogramm (1941) in seiner erkenntnistheoretischen Radikalität nur selten zu Ende gedacht wurde. Selbst der große Karl Barth ist daran gescheitert[14], und ausgerechnet die ruhmreiche evangelische Fakultät der Universität Tübingen konnte es nicht lassen, seine Theologie zu verurteilen. Bis ins hohe Alter hinein und noch nach seinem Tode wurde Bultmann an seinem Wohnort Marburg von interessierten Kreisen schlicht „der Ketzer" genannt. Was man nicht begriff, war die radikale Negativität, mit der er

---

[9] H. Häring, *Gaube ja –Kirche nein? Die Zukunft christlicher Konfessionen*, Darmstadt 2002; A. van Harskamp, *Het nieuw-religieuze verlangen*, Kampen 2000; H. Renöckl, M. Blanckenstein (Hg), *Neue Religiosität fasziniert und verwirrt. FEECA-Europa-Kongress Budapest 17.-19- Oktober 1998*, Budapest/Würzburg 2000. In vielem hat die neue Entwicklung vorhergesehen: H. Lübbe, *Religion nach der Aufklärung*, Graz 1986.

[10] E. Jüngel, *Gott als Geheimnis der Welt. Zur Begründung der Theologie des Gekreuzigten im Streit zwischen Theismus und Atheismus*, Tübingen 1977 16-44; H. Verweyen, *Theologie im Zeichen der schwachen Vernunft*, Regensburg 2000.

[11] R. Mayer, *Dietrich Bonhoeffer. Mensch hinter Mauern. Theologie und Spiritualität in den Gefängnisjahren*, Gießen/Basel 1993

[12] B. Jaspert (Hg), *Rudolf Bultmanns Werk und Wirkung*, Darmstadt 1984; W. Schmithals, *Die Theologie Rudolf Bultmanns*, Tübingen ³1967

[13] U. Barth, *Religion in der Moderne*, Tübingen 2003; C. Gremmels, W. Huber (Hg), *Religion im Erbe. Dietrich Bonhoeffer und die Zukunftsfähigkeit des Christentums*, Gütersloh 2002.

[14] G. Pfleiderer, *Karl Barths praktische Theologie. Zu Genese und Kontext eines paradigmatischen Entwurfs systematischer Theologie im 20. Jahrhundert*, Tübingen 2000.

sich jedes objektivierende Reden von Gott um Gottes und des Glaubens willen verbat[15].

Dabei steht nicht die abstrakte Frage zur Diskussion, ob wir von Gott überhaupt etwas aussagen können oder nicht. Auch ist anlässlich seiner (nun 60 Jahre alten) Provokation nicht eine Debatte über die Frage zu führen, ob wir das von ihm Gemeinte angemessen „Mythos" nennen sollten; spätere Entwicklungen haben seiner Wortwahl nicht recht gegeben. Es ist aber immer noch die schlichte Frage zu stellen, ob wir zugleich Elektrizität benutzen und einem interventionistischen Gott das Wort reden können[16]. Letzteres ist eben nicht möglich. Aber auch die konsequent anthropologische Auflösung des Problems eröffnet keinen Ausweg. Je mehr wir nämlich die Überzeugung vorantreiben, dass Gott handelt, indem wir handeln, dass Gott frei ist, indem sie unsere Freiheit ermöglicht, dass Gott die Wahrheit ist, indem uns unser Lebenssinn zugänglich wird, umso mehr ist eben die Frage zu stellen: Ist dann das Wort „Gott" überhaupt noch sinnvoll? Es geht also nicht nur um ein glaubensinternes Problem, sondern – damit verbunden – um die Frage: Inwieweit hat eine Aussage über Gott überhaupt noch einen Sinn, wenn sie ihre Verankerung in unserer Kultur verloren hat? Ist das nämlich der Fall, dann kann jede Aussage über Gott nur noch als ein leerer „Mythos" daherkommen.

Wohlgemerkt, es geht nicht um Gottes „Sache", ebenso wenig um sein Reich. Im Gegenteil, es mag ja auffallen, dass auch Jesus erstaunlich wenig von Gott selbst, viel aber von seinem Reich, von Menschen und von gegenseitigen Beziehungen, vom Fortgang des Lebens spricht[17]. Die theologische Fakultät Nijmegen kann über diese Erinnerung glücklich sein, denn immerhin wird ihr, die sich Jahrzehntelang intensiver und gründlicher als andere für Neuzugänge zur Gottesfrage abgerackert hat, von Kollegen vorgeworfen, sie habe diese Frage aufgegeben[18]. Welch ein enthüllendes Missverständnis, das die Radikalität der Lage übersieht! Bultmann hat ja einmal nicht grundlos bemerkt, sein Entmythologisierungsprogramm sei der Vollzug der Rechtfertigungslehre in unserer Zeit. Man

---

[15] Ein neuerer und sehr verdienstvoller Versuch, Bultmanns Ansatz konsequent durchzudenken, wurde vorgelegt von: G. Hasenhüttl, *Glaube ohne Mythos*, Bd I: *Offenbarung, Jesus Christus, Gott;* Bd II:. *Mensch, Glaubensgemeinschaft, Symbolhandlungen, Zukunft*. Mainz 2001; zur allgemeinen Bultmann-Diskussion: M. Dreher/K.M. Müller (Hg), *R. Bultmann, Theologie als Kritik. Ausgewählte Rezensionen und Forschungsberichte*, Tübingen 2002.
[16] R. Bultmann, *Neues Testament und Mythologie. Das Problem der Entmythologisierung der neutestamentlichen Verkündigung (1941)*, München 1985
[17] H.-J- Meurer, *Die Gleichnisse Jesu als Metaphern. Paul Ricoeurs Hermeneutik der Gleichniserzählung Jesu im Horizont des Symbols ‚Gottesherrschaft/ Reich Gottes'*, Frankfurt 1997.
[18] F.J.A. de Grijs / L.G.M. Winkelier, in: J. Doré (Hg), *Le devenir de la théologie catholique mondiale depuis Vatican II - 1965-1999*, Paris 2000, 163-197.

mag darüber verschieden denken. An einem Punkt möchte ich ihm aber zustimmen: Die Umbrüche, die wir – nach einer Vorbereitung von vielen Jahrzehnten – heute erleben, die vielen Theologinnen und Theologen den Schlaf rauben oder wenigstens rauben sollten, dieser Umbruch reicht vermutlich noch tiefer als derjenige, der vor beinahe 500 Jahren zur Reformation geführt hat. Zutiefst müsste uns dabei die Tatsache erschrecken, dass die Wunden von damals immer noch nicht geheilt sind. Eine Spur von Rechthaberei und Ausschließung reicht bis in die Gegenwart. Wie tief werden wohl die Wunden gehen, die heute geschlagen werden und deren Heilung Jahrhunderte in Anspruch nehmen wird.

Nicht ohne Grund hat A. Houtepen als Ökumeniker diese kulturellen Zusammenhänge gesehen, und nicht ohne Grund versucht er in einer Zeit der Entkulturierung des Religiösen neue „Fenster" zu finden und zu öffnen, die Ausblicke auf Gott gewähren. Er schafft damit einen Zugang, der innerhalb der katholischen Theologie noch nicht angepackt, geschweige denn ausgeschöpft ist. Später werde ich seinen Gedankenweg noch einmal aufnehmen.

4. Abrahamischer Trialog

Nun wäre es falsch, sich einseitig auf das Problem der Entflechtung von Religion und Kultur zu konzentrieren. Als Diagnose, zum Verstehen der Symptome ist es ein wichtiger Punkt. Aber es gibt eben auch die gegenläufige Bewegung, die *J. A. van der Ven* schon dargestellt und analysiert hat. Ich meine das Wachstum von Interesse und Angebot auch anderer Religionen. Es liegt in diesem Zusammenhang nahe, sich mit den abrahamischen Religionen zu beschäftigen, denn genealogisch und von ihrer prophetischen Grundausrichtung her sind sie sich am nächsten. Natürlich bringen uns reine Neugier und Nostalgie nicht weit. Auch kann kein Selektionsmodell das Ziel sein, mit dem wir den bestschmeckenden „himmlischen Eintopf" zusammenrühren. Dafür sind die in vielen Jahrhunderten gewachsenen und bewährten Religionssysteme zu konsistent, zu sehr mit sich selbst verwachsen und wohl auch zu resistent. Zudem hat ihre Existenz und Wirksamkeit nach dem 11. September 2001 eine unerwartete, geradezu erschreckende Aktualität gewonnen. Plötzlich begriffen wir die politische Bedeutung gerade eines Islam, der sich als Gegenspieler der christlichen Kultur präsentiert und, wie es scheint, deren Vernichtung ins Auge fasst.

Nun wissen wir: Solche Spiele der Zerstörung berühren nur die Oberfläche; die mobilisierten kulturellen Kräfte liegen viel tiefer. Aber gerade deshalb, also um einer weltweiten Verständigung willen, haben wir uns die Frage zu stellen, was Judentum, Christentum und Islam einander zu sagen haben[19]. Wie können wir dafür sorgen,

---

[19] G.W. Speelman, *Keeping Faith. Muslim-Christina Couples and Interreligious Dialogue*, Zoetermeer 2001; A. Wessels, *Islam verhalenderwijs*, Amsterdam 2001.

dass diese Religionen nicht für politische Ziele missbraucht werden, sondern die Welt in authentischer Weise gestalten. Stimmt die Losung von Hans Küng, dass es keinen Weltfrieden gibt ohne Frieden unter den Religionen?[20] Wer von dieser Perspektive ausgeht, hat faktisch das neuzeitlich aufklärerische Programm hinter sich gelassen, das die Vernunft dem Glauben entgegensetzt. Diese Perspektive setzt nämlich in neuer Weise voraus, was dort verhindert und abgedrängt werden sollte. Sie übernimmt die gesellschaftliche und politische Rolle der Religionen weder unkritisch noch mit einer vorgefassten Kritik, sondern als ein vorauszusetzendes Objekt der Forschung und der Beeinflussung, weil Religion eben konstitutiv zum menschendienlichen Funktionieren einer Kultur gehört.

Die Wahl, die *Karl-Josef Kuschel* präsentiert hat, ist also eminent wichtig. Sie wendet sich den Religionen zu, die Europa mehr als alle anderen Weltreligionen geprägt haben. Kuschel schließt die drei abrahamischen Religionen von innen her auf. Der von ihm anvisierte Trialog erlaubt uns andere – authentische, gerade nicht von außen aufgesetzte – Perspektiven, von denen die christliche Tradition für ihr gesellschaftliches und politisches Verhalten lernen kann. Dabei steht die gemeinsame Perspektive dieser drei Religionen im Mittelpunkt des Interesses. Es ist der Glaube an einen Gott sowie die Überzeugung, dass die gesamte Welt ihre Herkunft diesem einen Gott verdankt.

Ein solcher Monotheismus bedeutet für diese Religionen höchste Chance und Gefahr. Er bedeutet höchste Chance, weil diese Religionen im Blick auf Welt und Menschheit alles auf eine Karte setzen. Ich nenne Einheit und Universalität (also eine Einheit in örtlicher Vielheit), Versöhnung und ein letzter Gesamtfriede, Verstehen unter den Menschen und eine endgültige Gesamterlösung, durch welche apokalyptischen Feuer sie immer auch hindurchgehen muss. Diese Visionen binden und beflügeln Handeln, Motivationen und Imagination. Aber er bedeutet auch höchste Gefahr, denn mit dem Aufkommen monotheistischer Systeme (genauer: mit der Entstehung des mosaisch hebräischen Glaubensentwurfs) hat sich offensichtlich das Verhältnis der Religionen untereinander verändert. Wenn wir dem von *K.-J. Kuschel* zitierten J. Assmann folgen, wurde das Verhältnis eines gegenseitigen, wohlwollenden und austauschfreudigen Verhältnisses durch ein grundlegendes Konkurrenzverhältnis ersetzt. Jetzt werden keine Götter mehr ausgetauscht, jetzt erweitert man nicht gegenseitig die Weltsicht, vielmehr wird jetzt die Frage gestellt: Wer hat denn den stärksten Gott, wer hat die Wahrheit, das Recht, die Zukunft auf der eigenen Seite?

---

[20] Zur inzwischen umfangreichen Literatur zum und über das „Projekt Weltethos" s. www.weltethos.org.

Natürlich sollte diese Perspektive von Assmann nicht undifferenziert übernommen werden, denn unbestritten haben gerade die abrahamischen Religionen (auf Grund ihres Glaubens an den Gott *aller* Menschen) den Gedanken eines Weltfriedens erst propagiert und besprechbar gemacht. *K.-J. Kuschel* hat das nachdrücklich illustriert: Noahbund und Abrahamsverheißung bilden dafür einen unwiderlegbaren Ausgangspunkt. Gerade die prophetische Tradition Israels hat auf Grund ihrer Universalisierung des Gottesglaubens enorme selbstkritische Potentiale eröffnet, und mehr als andere Religionen hat das Christentum immer an seiner Abhängigkeit von der Religion Israels festgehalten (was eine fürchterliche Schuldgeschichte nicht verhindert hat). Die großen Potentiale, die der Islam für Toleranz und Menschenfreundlichkeit entwickelt hat, sind unbestritten. Es kann geradezu als ein Glücksfall betrachtet werden, dass die Öffnung dieser Religionen zueinander und füreinander gerade heute wieder in Gang kommt.

Gewiss, der Beitrag *K.-J. Kuschels* verlockt zum Weiterdenken und zum Weiterfragen. Natürlich weiß auch er um die ungelösten Paradoxien, die zu diesem Neuaufbruch gehören. Wenn die abrahamischen Religionen so sehr von einer offenen Universalität bestimmt sind, wenn die Fähigkeit der Selbstkritik und der ständigen Neuorientierung bei den Propheten ein so hohes Niveau erreicht haben, wenn gerade das Christentum diese Qualitäten übernommen hat, die überdies von der Erinnerung an Jesus Christus geprägt sind, woher kommen dann – zumal im Christentum und im Islam – die Ausbrüche der Intoleranz und der Rechthaberei? Warum diese Ausbrüche von Hass und Fanatismus? Warum die Missbrauchbarkeit gerade dieser Religionen für Machtinteressen sowie für die Probleme kultureller, ökonomischer und ethnischer Identität?

Vielleicht übersehen alle Analytiker und Ingenieure der Religionen immer noch die grenzenlose Komplexität religiöser Systeme. Vielleicht haben wir noch nicht hinreichend zur Kenntnis genommen: Es gibt keine Religion[21] oder Religionen als in sich bestehende und in sich funktionierende Systeme[22]. Umschreiben wir – versuchsweise und in diesem Zusammenhang – Religionen einmal
(a) als die Summe von je einzelnen, als solche erkannten Grenzerfahrungen, die sich nicht mehr auf andere Prozesse reduzieren lassen. Und fügen wir hinzu, dass solche Grenzerfahrungen zwar immer als Einzelereignisse auftreten, aber dennoch

---

[21] Zur allgemeinen Begriffsbestimmung s. den Artikel von *J.A. van der Ven*; s. ferner: Cl. Geertz, *The interpretation of cultures*, New York 1973.

[22] E. Borgman, Zijn de laatste vragen beantwoord? De grens van de natuurwetenschap en haar verhouding met religie, in: *Tijdschrift voor Geestelijk Leven* 59 (2003/1), 39-51; J.-O. Henriksen, *The Reconstruction of Religion. Lessing, Kierkegaard and Nietzsche*, Grand Rapids, Mich./Cambridge, 2001; Th. Sundermeier, *Was ist Religion? Religionswissenschaft im theologischen Kontext. Ein Studienbuch*, Gütersloh 1999; J. Thrower, *Religion. The Classical Theories*, Edinburgh, 1999.

(b) miteinander kommunizieren, voneinander lernen, einander beeinflussen und immer wieder gemeinsame, übersetzbare Codes, Formen des Handelns und des Ruhens, des Schweigens und des Redens, der Kunst[23] und eines vielfältigen Ausdrucksverbots ausbilden. Erkennen wir, dass Religionen zwar immer wieder auf die ursprüngliche Ereignishaftigkeit zurückfallen müssen, zugleich aber
(c) den Identitätscodes, vorwissenschaftlichen Kommunikationssystemen und Kulturen eine nahezu unbegrenzte Adhäsionskraft vermitteln können.

Wenn wir diese drei Gesichtspunkte der Ereignishaftigkeit, der Institutionalisierung und der Adhäsionskraft zusammenfügen, dann wird schnell klar: Religionen bestimmen nicht nur Menschen und Menschengemeinschaft zutiefst, sondern werden auch auf allen Ebenen angreifbar. Sie motivieren und lassen sich für Motivationen missbrauchen. Sie gestalten alle Lebenswirklichkeiten von Menschen mit und werden zugleich zum Einfallstor aller banalen und destruktiven Kräfte, die in uns Menschen ruhen. Sie erweisen sich als machtvolle Immunsysteme gegenüber den großen Selbstbedrohungen der Menschheit (ich denke an Aggressivität, Besitzgier, Betrug, Hab- und Genusssucht). Aber offensichtlich können sie diese Immunkräfte nur dann immer neu entwickeln, wenn sie selbst krank werden, Aggression und Destruktion, Lüge und Egoismus selbst ausgerieren[24]. Religionen verfallen diesen Verfehlungen nicht nur, sie *müssen* ihnen verfallen, um selbst die heilenden Kräfte zu entwickeln. So sind Religionen immer Hüter des Friedens und des Kampfes für ihn in einem. Es ist, streng genommen, die Sehnsucht und nicht die Wirklichkeit, die zur Triebkraft wird. Es sind, genau besehen, die Visionen und Imaginationen, nicht die gelebten Welten,

---

[23] Zur Verhältnisbestimmung von Religion und Literatur hat sich inzwischen eine breite und erfolgreiche theologische (Sub-)disziplin herausgebildet. Zu erinnern ist – neben der verstorbenen Theologien Dorothee Sölle - an Namen wie Karl-Josef Kuschel und Georg Langenhorst sowie an die Arbeiten der geisteswissenschaftlichen Sektion des Interdisziplinären Instituts für Theologie, Wissenschaft und Kultur (Heyendaal Instituut) an der Universität Nijmegen: www.hey.kun.nl).

[24] Sehr erhellend ist zum Verständnis dieser Dialektik die Theoriebildung der Kulturtheoretikers R. Girard, die im deutschen Sprachraum von R. Schwager, im niederländischen Sprachraum von A. Lascaris aufgenommen und weiter entwickelt wurde. Literatur: R. Girard, *Je vois Satan tomber comme l'éclair*, Paris 1999; ders., *Le bouc émissaire*, Paris 1982; ders., *Des choses cachées depuis la fondation du monde*, Paris 1979; ders., *La violence et le sacré*, Paris 1972; R. Schwager, *Brauchen wir einen Sündenbock? Gewalt und Erlösung in den biblischen Schriften*, Wien/München ³1994; A. Lascaris, *Neem uw verleden op. Over vergelding en vergeving*, Baarn 1999; ders., *Het souvereine slachtoffer: een theologisch essay over geweld en onderdrukking*, Baarn 1993; ders., *Advocaat van de zondebok. Het werk van René Girard en het evangelie van Jezus*, Hilversum 1987; ferner die Forschungsinitiativen "Dramatische Theologie" sowie „Religion – Gewalt – Kommunikation -Weltordnung", die R. Schwager an der Universität Innsbruck entwickelt hat und betreibt. S. ferner H. Häring, *Konflikt- und Gewaltpotentiale in den Weltreligionen. Religionstheoretische und theologische Perspektiven*, in: EZW-Texte 2002(167) 2002, 14-48

um die es geht. So geht mit einer Religion nur angemessen um, wer sie – Tag für Tag – höchst kritisch beobachtet, kritisiert und sie so zu ihren unendlich guten Möglichkeiten zwingt.

5. Die Notwendigkeit der Ideologiekritik

Elisabeth Schüssler-Fiorenza gibt uns für einen solchen, für den einzig angemessenen Umgang mit Religion im Raum der Reflexion ein Lehrstück. Sie führt dieses Lehrstück zudem am zentralen Thema von Religion überhaupt vor, nämlich an der Rede von Gott. Als zeit- und kulturkritische Theologin demonstriert sie dieses Lehrstück zudem an einem Schlüsselproblem der existierenden Menschheitskulturen überhaupt, dem Verhältnis zwischen Mann und Frau. So schlägt sie eine Brücke zwischen einerseits einem Kernstück gesellschaftlicher Selbstorganisation in diesen Kulturen (den androzentrischen, patriarchal verfälschten Strukturen) und andererseits einem kulturellen Einzelphänomen, das für einen naiven Blick wie selbstverständlich, unschuldig und pietätsfordernd daher kommt, nämlich die Rede und die Anrede von Gott. Die Entdeckung dieser gesellschafts-, identitäts- und kulturprägenden Bedeutung der Gottesbilder an sich ist nicht neu. Neu scheint mir aber die Konsequenz, mit der *E. Schüssler-Fiorenza* diese Bedeutung nicht nur psychologisch, sondern auch ideologie-, kultur- und sprachkritisch mit Hilfe rhetorischer Analyse durchführt. Zugleich gerät es zum Musterbeispiel einer konstruktiven religiösen Selbstkritik, die das Mysterium Gottes – ein Schatz gerade der monotheistischen Religionen – als solches noch einmal hervorhebt. Es hat seine zutiefst religiösen Gründe, wenn die Autorin dann G*tt nicht mehr platt in Buchstaben wiedergibt und damit etwas von den Vorbehalten des Judentums aufnimmt und sich dadurch der Botschaft muslimischer Mystik zugleich annähert.

II. Gottes Abwesenheit

1. Die Gottesferne ernstnehmen

Ich fragte zu Beginn: Was hat sich in der Thematik, in der gesellschaftlichen Wirklichkeit, in der theologischen Reflexion, im „objektiven Geiste" der vergangenen fünf Jahre geändert? Ich sage jetzt: Es wurden damals Entwicklungen beschrieben, die sich inzwischen nur verstärkt haben, und Probleme avisiert, deren Relevanz gestiegen ist. Ich füge hinzu: Es hat sich im Verlauf des damaligen Kongresses eine Dynamik gezeigt, die offensichtlich zum Spiel von Religion und Theologie gehört. Es ist die Dynamik der ständigen Umwege, der Ausweich- und Einholbewegungen. Dieses Spiel kommt nicht nur in der Frage nach Religion und Gotteserfahrung in Gang, sondern auch durch die Frage, was denn Gott für Mensch und Wirklichkeit, was Mensch und Wirklichkeit für die Frage nach Gott bedeutet. Wie schwer sich

Religion eingrenzen, gar definieren lässt, habe ich erwähnt. Offensichtlich werden „Gott" und „Religion" gegenseitig auch zu Ausweichmanövern missbraucht[25]. Die Frage nach Gegenwart und Abwesenheit Gottes in unserer Kultur oder Gesellschaft wird immer wieder als Frage nach Erstarken oder Verschwinden von Religion gelesen. Man tut so, als sagten religiöse Erfahrung oder religiöse Praxis an sich etwas über Gottes Gegenwart. Das ist gefährlich, wie aber sollen wir dann die Spuren Gottes in unserer Wirklichkeit entdecken?[26]

Wenn wir den Satz von der Unaussprechlichkeit Gottes ernst nehmen, ist eine direkte Annäherung an Gott nicht möglich. Deshalb bleibt der Theologie nur der legitime religionswissenschaftliche bzw. religionsphilosophische Umweg[27]. Umgekehrt werden Theologinnen und Theologen die Frage nach dem Erstarken oder nach der Veränderung von Religion immer als Indiz für die Gegenwart und Abwesenheit Gottes selbst zu deuten versuchen. Das ist zwar kein religionswissenschaftliches, wohl aber ein theologisches Verfahren, das den Standards einer bestimmten wissenschaftlichen, nämlich einer reflexiven und einer geregelt hermeneutischen Aktivität entspricht. Doch ist Vorsicht geboten. Aus dem Ruder einer methodisch geregelten Verantwortlichkeit laufen beide Verfahren dann, wenn (a) der religionswissenschaftliche Ansatz die Erinnerung an die theologische Hintergrundfrage aufgibt, wenn (b) der theologische Ansatz ihre Angewiesenheit auf religionswissenschaftliche Konkretisierung vernachlässigt und wenn (c) die Spannung zwischen beiden – jeweils kontrapunktischen – Verfahren nicht mehr aufrechterhalten und als fördernde Dynamik ausgenutzt wird.

Nun mag man sagen: Das sind abstrakte Aussagen, deren Erkundung wir ruhig den Theoretikern überlassen sollten. Aber der Kontext solcher Aussagen hat sich inzwischen verschärft. Die aufgezeigten Entwicklungen und vielschichtigen Problemstellungen führen ja – nach fünf Jahren noch deutlicher als zuvor – zu einer letzten Frage, die *A. Houtepen* schon scharf formuliert hat: Ist Gott nicht aus unserer Kultur verschwunden? Mit dem Begriff des „Agnosmus" charakterisiert er eine Form radikaler Gottesferne, in der religionswissenschaftliche, theologische oder glaubenspraktische Fragen überhaupt nicht mehr bestehen. Lange Zeit wurde die Gottferne ja wahrgenommen als ein schmerzlich erfahrener Mangel derer, denen „Gott" nichts mehr sagt oder derer, die ihn verloren haben. Es gehört zu den wohlgepflegten Lieblingsvorstellungen der Theologie, dass die Menschen Gott entweder bewusst ablehnen oder schmerzlich vermissen. Die Ablehner Gottes, also die Atheisten verschiedenster Art, lehnen sich (aus legitimen oder aus irrtümlichen) Gründen gegen Gott auf. Es war die heroische Haltung der Helden von A. Camus oder von J. P. Sartre.

---

[25] Darvor warnt seit Jahren schon: J.B. Metz, *Gottesrede*. Münster 1996.
[26] R. Billington, *Religion Without God*. London/New York 2002
[27] K. Gabriel u.a., *Zukunftsfähigkeit der Theologie. Anstöße aus der Soziologie Franz-Xaver-Kaufmanns*, Paderborn 1999.

Die Theologie konnte daraus ihre gesellschafts-, kirchen- oder geschichtskritischen Schlüsse ziehen. Diejenigen, die Gott vermissen, rufen nach ihm, erhalten aber keine Antwort. Auch diese Haltung hat eine lange Tradition. Sie lässt sich bei den Mystikern finden, die in ihrer „Nacht der Seele" diesen fehlenden Gott aushalten müssen und dabei beinahe zugrunde gehen. In der Tradition der „negativen Theologie" wurde diese Erfahrung intensiv reflektiert[28].

Inzwischen hat sich eine neue Art der Gottesferne eingestellt. Es ist das wie selbstverständliche und deshalb unbemerkte, das gesellschaftlich eingeübte Fehlen Gottes[29]. Nein, genau genommen fehlt Gott nicht mehr, weil auch die Frage nach ihm verstummt ist. An vielen Orten und für viele Menschen - prinzipieller noch: für die Öffentlichkeit und die ausdifferenzierten Sektoren der hoch-industrialisierten und elektronisch vernetzten Gesellschaften ist „Gott", erkenntnistheoretisch gesehen, zu einer Null-Stelle geworden. In Kulturen, die nach dem Marktprinzip funktionieren, ist zudem eine jede Gemeinsamkeit der Definitionen, der Beschreibungen oder Erfahrungen zusammengebrochen. Der niederländische Philosoph H. Philipse sprach 1997 in seinem „Atheistischen Manifest" von einem erkenntnistheoretischen Nihilismus[30]. Es ist ganz offensichtlich die letzte Folge dessen, was A. Houtepen als Entkulturierung des Glaubens an Gott beschreibt.

In einer solchen Situation sind fundamentalistische Reaktionen verständlich. In säkularisierten Ländern sind diese an allen Orten anzutreffen. Aber weder der Fundamentalismus, noch eine missionarische Glaubensverkündigung können das Ziel einer neuen Glaubensweitergabe erreichen, denn auch die provozierendste Verkündigung verlangt einen Punkt des Umweges oder der Anknüpfung[31]. Andernfalls führt der neu übernommene Glaube aus einer Kultur heraus und nicht zu einer fruchtbaren und lebensdienstlichen Auseinandersetzung mit ihr. Ein Glaube an Gott kann auch nicht mehr als sinnvoll oder gar als denknotwendig erwiesen werden[32]. Denn solche Denknotwendigkeit setzt absolute Daten, Erfahrungen, Hoffnung voraus. Was aber soll das sein in einer Epoche, in der neben der Rede von Gott auch noch die Rede

---

[28] G. Jeanrond / Chr. Theobald (Hg), *Gott. Erfahrung und Geheimnis*, Themenheft Concilium 37 (2001/1).
[29] K- Biesefeld u.a. (Hg), *Wie God zegt ... Spreken over God in een wereld zonder God*, Kampen 2001.
[30] H. Philipse, *Atheistisch manifest. Drie wijsgerige opstellen over godsdienst en moraal*, Amsterdam ²1988.
[31] R. Bultmann, Anknüpfung und Widerspruch (1942), in ders. *Glauben und Verstehen II*, Tübingen ³1961, 117-132. Das unter diesen Kategorien verhandelte Anliegen ist inzwischen weitgehend in das Anliegen kontextueller Theologien eingegangen; s. H. Waldenfels, *Kontextuelle Fundamentaltheologie*, Paderborn 1985, 21-80.
[32] L. Heyde, *Het gewicht van de eindigheid. Over de filosofische vraag naar God*, Amsterdam 1995; ders. *De maat van de mens. Over autonomie, transcendentie en sterfelijkheid*, Amsterdam 2000.

von der Subjektivität des Subjekts, von der absoluten Freiheit oder von der Identität des Ichs zusammengebrochen sind?

Deshalb tendiert alle Auseinandersetzung mit der Gottesfrage auf einen sehr schmerzlichen Punkt hin, den die Theologie oft verdrängt und vermeidet und den sie - in der Erwartung einer religiösen Renaissance – erneut glaubt missachten zu können. Ich möchte diesen Punkt mit einer paradoxen Frage formulieren: Können und wie können wir Gott benennen, ohne - mit den Mittel unserer Sprache – „Gott" auch wirklich zu sagen? Ich habe weiter oben schon auf R. Bultmann verwiesen, der im Anschluss an den jungen Heidegger eine bislang unbekannte Konzentration auf die menschliche Existenz als den Dreh- und Angelpunkt von Wirklichkeit erreichte. Es waren später die „Existentiale", also die Basisstrukturen menschlichen Selbstvollzugs, in denen sich die – wie Heidegger dann später zeigen wird – hermeneutische Grundstruktur menschlicher Existenz zeigt[33]. Der Mensch entwirft sich selbst, indem er auf die Welt vorausgreift und sich von der Welt zurückerhält. Die ganze Aufgabe des Verstehens besteht nicht im Versuch, unser Reden von der Welt wissenschaftlich berechenbar zu machen und zu verifizieren, sondern im Versuch, in einen Zirkel von Verstehen und Selbstbegriff hineinzukommen. Nur so enthüllt sich die Wahrheit des Menschen als ein nicht-objektivierbarer Rahmen des Umfassenden selbst.

Bultmann war weit davon entfernt, Gottes Existenz oder gar zentrale Inhalte des christlichen Glaubens zu leugnen, so etwa die Auferweckung Christi zum neuen Leben, die Bultmann als Christi Auferstehung ins Kerygma definiert. Die kritischen Reaktionen auf Bultmann kamen nicht unerwartet, denn vom Standpunkt einer objektivierenden, allein auf beschreibende Mitteilung gerichteten Denkweise her erschöpfte er sich in Tautologien. Auferstehung heißt bei ihm ja „nur": als Auferstandener verkündigt zu sein. Erinnerung an Jesus Christus heißt „nur": Konzentration auf das Dass seines Gekommenseins. Erlösung heißt die Entdeckung eines neuen, weiterhin undefinierbaren Selbstverständnisses. Es hätte der Theologie schon in den fünfziger Jahren gut getan, bei dieser scharfen Selbstbeschränkung in theologischen Aussagen stehen zu bleiben, es also bei diesem Umweg der Negativität auszuhalten. Bultmann wollte die Theologie sozusagen mit der Nase auf diese Paradoxie von Fülle und Unaussprechlichkeit, von Neuheit und striktester Beschränkung, von Reflexion und Verstummen stoßen, in die uns die Rede von Gott am Ende der Neuzeit getrieben hat.[34]

---

[33] Zur Einführung ist immer noch lesenswert: G. Hasenhüttl, *Der Glaubensvollzug. Eine Begegnung mit Rudolf Bultmann aus katholischem Glaubensverständnis*, Essen 1963, 31-85.

[34] A. Franz/W.G. Jacobs (Hg), *Religion und Gott im Denken der Neuzeit*, Paderborn 2000; H. Häring, From divine human to human God, in: H.-G- Ziebertz u.a. (Hg), *The human image of God*, Leiden 2001, 28; G. Scherer, *Die Frage nach Gott. Philosophische Betrachtungen*, Darmstadt 2001.

2. Neue Formen der Sprache

Diese Chance wurde vertan und die Frage schien bald auch überholt zu sein, als Heidegger selbst die Wende zur Sprache vollzog, in ihr die Wahrheit vernahm, die sich da „entbirgt". Der *linguistic turn* des angelsächsischen Sprachraums kam hinzu[35]. Jetzt endlich war ein neuer Raum gewonnen, denn jetzt wurde auch die Zwangsjacke einer Sprachanalyse aufgebrochen, die sich auf die beschreibenden Inhalte beschränkte und alles andere als Zeichen des Irrationalen abtat[36]. In Nijmegen war es E. Schillebeeckx, der diese neue Hermeneutik, um sprachanalytische und ideologiekritische Aspekte erweitert, mit großem Erfolg in die Methodik der katholischen Theologie einführte[37]. Schon früh, aber nur wie zufällig und für eine Zwischenzeit, griff P. Ricoeur eine spezielle Spur auf, die für das Reden von Gott von Bedeutung war und die er in neuer Weise an- und weitergedacht hat. Es war die Sprachform des Symbols, die eine besondere Affinität zu religiösem Sprechen zu haben schien[38].

Das Symbol hat schon im 19. Jahrhundert die Aufmerksamkeit der Religionswissenschaften auf sich gezogen, denn es widersteht dem Prozess wachsender Rationalisierung[39]. Es stößt für die Räume menschlicher Erfahrung eine Tür auf und bringt ein Element in den Diskurs ein, das man damals als „Gefühl" identifizierte. Heute sprechen wir eher von „Verstehen" und von einer Erkenntnisebene, in der Subjektives und Objektives als Wirklichkeit und Erfahrung miteinander verschmelzen[40]. Warum also ist das Symbol für religiöses Sprechen so wichtig? Es verspricht einen Zugang zu „tieferen", vielleicht sogar zu transzendierenden oder jenseitigen Schichten des

---

[35] I. U. Dalferth, *Religiöse Rede von Gott*, München 1981.

[36] W.A. de Pater / P. Swiggers, *Taal en Teken. Een historisch-systematische inleiding in de taalfilosofie*, Leuven 2000.

[37] S. vor allem: E. Schillebeeckx, *Geloofsverstaan. Interpretatie en kritiek*, Bloemendaal 1972; Ph. Kennedy, *Deus Humanissimus. The Knowability of God in the Theology of Edward Schillebeeckx*, Fribourg 1993; M.C. Hilkert, *The praxis of the rein of God. An introduction to the theology of Edward Schillebeeckx*, New York, 2002; s. ferner die demnächst erscheinende Untersuchung von W. Jansen, *Von der Menschlichkeit Gottes und der Göttlichkeit des Menschen. Offenbarung und Erfahrung bei Edward Schilleeeckx und Eugen Drewermann. Ansätze zu einer befreienden Theologie*, Münster

[38] L. Bouve / K. Feyarts, *Metaphor and God-talk*, Bern 1999; L. Dupré, *Symbols of the Sacred*. Grand Rapids/Mich. V.S. 2000; P. Stoellger, *Metapher und Lebenswelt. Hans Blumenbergs Metaphorologie als Lebensweltthermeneutik und ihr religionsphänomenologischer Horizont*, Tübingen 2000.

[39] Dazu: D. Tracy, *The analogical imagination. Christian theology and the culture of pluralism*, New York 1981.

[40] Eine umfassende philosophische Aufwertung erfuhr die Kategorie des Symbols durch das eindringliche philosophische Werk von E. Cassirer, *Philosophie der symbolischen Formen*, 3 Bände, Darmstadt [8]1982; s. ferner: M.W. Müller, *Das Symbol in der dogmatischen Theologie. Eine symboltheologische Studie anhand der Theorien bei K. Rahner, P. Tillich, P. Ricoeur und J. Lacan*, Frankfurt/M 1990; F. Schupp, *Glaube – Kultur – Symbol*, Düsseldorf 1974.

Erkennens und der Wirklichkeit, denn zur „objektiven" Erstbedeutung eines Symbols kommt immer eine zweite Bedeutung, ein tieferer Sinn hinzu[41]. Das Herz wird als Zeichen der Liebe gelesen, das Blut als Zeichen des Lebens. Solche Übergänge sind für religiöses Reden aber unverzichtbar; die Rede von Gott, alltägliche Rituale, liturgische Handlungen und Gebete sind voll von solchen symbolischen Zeichen.

Das ist kein neuer, sondern ein geradezu traditioneller Ansatz. Für Menschen, die sich in einer religiösen Welt bewegen, mag dieses Modell auch „funktionieren"[42]. Aber je mehr Sektoren unserer Gesellschaft säkularisiert sind und je mehr Menschen sich vom Glauben an Gott abwenden, umso ambivalenter wirken diese Symbole. Denn diese symbolische Sprache einer Religion funktioniert nur im Innenraum vollzogener Religionen, dort also, wo glaubende (oder wenigstens suchende) Menschen zusammen sind. Das sind jedoch genau jene Menschen, die ihren religiösen Diskurs wohl oder übel vom öffentlichen Diskurs abgekoppelt haben oder beide auf reflexive Weise miteinander vermitteln[43]. Wer nun dieses Problem entdeckt (und darüber erschrickt), für den verliert auch die religiöse Symbolwelt ihre Unschuld. Er stellt dann zumindest die Frage: Was sind die Regeln, gemäß denen Symbole kommen und gehen, eine religiöse Dimension aufrufen oder vernachlässigen? Müssen wir nicht in eine Schicht unserer Wirklichkeit und Erfahrung vorstoßen, von der wir sagen können: Hier entstehen Symbole, hier wird der Entstehungsprozess von Symbolen selbst sichtbar; hier sehen wir, wie eine Sache oder eine Erfahrung symbolische Gestalt erhält? Spätestens dann erwacht auch ein Gespür für den merkwürdigen Sachverhalt, den schon P. Tillich mit seiner These umriss, dass „Gott" das Symbol sei für – Gott[44].

---

[41] M. M. Jansen, *Talen naar God. Wegwijzers bij Paul Ricoeur*, Gorinchem 2002.

[42] M. Eliade, *Das Heilige und das Profane*, Hamburg 1957; F. Hermann (Hg), *Symbolik der Religionen*, 12 Bände, Stuttgart 1958-1962; J. Schreiner (Hg), *Bild – Wort – Symbol in der Theologie*, Würzburg 1968.

[43] Ich gehe hier nicht auf die Diskussion über abgestorbene und neue Symbole ein, die schon vor Jahrzehnten geführt wurde, und die das Außenproblem der Säkularisierung nach innen spiegelt. In dem Maße als bestimmte Kulturepochen versinken, versinkt mit ihnen die unmittelbare Lebenskraft von Symbolen Sie wirken nur noch als nostalgisch „tote" Symbole, als Zeugen einer vergangenen Welt. Freundlicher gesagt: sie wirken als Symbole, die an vergangene Bedeutungen erinnern. Bei ihnen drängt sich die tiefere Bedeutung eines Zeichens nicht auf, sondern man muss sie lernen. Damit rückt ein Symbol in die Nähe der Allegorie. Unbestritten bleibt trotz dieser Diskussion die Existenz von elementaren, in vitalen Strukturen des Menschen verankerten Symbolen, die von kulturellen Situationen nicht abhängig sind. Man denke an das Symbol von Weg und Befleckung (s. Ricoeur), vom Hunger und Licht, Geburt und Tod, - allesamt Symbole von hoher religiöser Valenz.

[44] P. Tillich, *Das Wesen der religiösen Sprache* (1959) [verschiedene Ausgaben] – The Nature of Religious Language, In: *Theology of Culture* [verschiedene Ausgaben]; C. Dans, *Religion als Freiheitsbewusstsein. Eine Studie zur Theologie als Theorie der Konstitutionsbedingungen individueller*

3. Auch das Symbol gibt zu denken

Deshalb unterbrechen wir den theologischen Gedankengang, um den allgemeinen Ricoeur-Analysen von *Rob Plum* zu folgen[45]. Er bietet für unsere spezifisch theologische Frage einen interessanten Hintergrund. Der Symbolgedanke taucht bei Ricoeur, wie gesagt, unerwartet auf. In einer anthropologischen Analyse untersucht er das Böse und die Fehlbarkeit des Menschen und macht dabei die merkwürdige Feststellung: Sobald Menschen sich zu ihrem eigenen Bösen bekennen, begibt sich ihre Sprache auf Umwege. Es sind Verweise auf körperliches, sinnlich wahrnehmbares Geschehen, konkret: auf Befleckung, verfehlte Wege und Schuld. Dabei werden eine kosmologische Verankerung, ein onirisches Element sowie eine poetische Art wirksam. Dieser Redeweise ist - in der Interpretation Ricoeurs - etwas seltsam Opakes und Resignatives eigen. Vieles weist darauf hin, dass dieser dunkle Charakter mit dem Symbol an sich und nicht nur mit dem Bösen als seinem konkreten Inhalt zu tun hat.

Nun nimmt Ricoeur auf den ersten Blick zwar die traditionelle Interpretation von Bedeutung und tieferem Sinn auf[46]. Aber andere Aspekte sind ihm wichtiger: Das Symbol gibt „zu denken", wie bei Ricoeur eine berühmt gewordene Überschrift lautet, weil es einen „methodologischen Bruch im Fortgang der Reflexion" erfordert. Es zeigt, dass menschliches Sprechen vom Menschen nie voraussetzungslos geschehen kann. Im Symbol ist Sprache plötzlich vorgegeben; das Symbol drängt sich auf. Es bricht also die Kraft der Reflexion und bringt den Menschen mit dem Heiligen in Kontakt. Letztlich können wir das, was im Symbol geschieht, nur erhellen, wenn wir seine Botschaft akzeptieren. Ricoeur fordert deshalb eine Art zweiter Naivität: „Man muss verstehen, um zu glauben, und man muss glauben, um zu verstehen."

Hat Anselm von Canterbury an der Wende zum 12. Jahrhundert nicht schon ganz Ähnliches gesagt? Das sei unbestritten, aber bedenken wir, dass Ricoeur nicht in einen vorwissenschaftlichen, gar mythischen Glauben zurückfallen will. Sein Symbolverständnis macht Kants erkenntnistheoretische Wende und die existentiale Reflexion nicht ungeschehen, sondern setzt sie voraus. Umso erstaunlicher ist es, dass

---

Subjektivität bei Paul Tillich, Berlin 2000; A.-M T'Sas, *Der Gottesbegriff Paul Tillichs auf der Grenze von 'Personalität' und ,Transparenz'*, Würzburg 2001; W. Schüßler, *Paul Tillich*, München 1997.

[45] Demnächst wird von ihm folgende Untersuchung erscheinen: *God in West-Europa. Spreken over God als symbolisch spreken. Een theologisch onderzoek naar het symboolbegrip van Paul Ricoeur en Ernst Bloch*.

[46] Aus dem umfassenden Werk von P. Ricoeur werden hier nur genannt: *Soi-même comme un autre*, Paris 1990; *Temps et récit*, 3 Bände, Paris 1983-1985; *la métaphore vive*, Paris 1975; *Finitude et culpabilité* (Bd 1: *L'homme faillible*, Bd 2: *La symbolique du mal*), Paris 1960. Zur Einführung in Ricoeur: L.E. Hahn, *The philosophy of Paul Ricoeur*, Chicago 1995; Ch. Reagan, *Paul Ricoeur. His life and his work*, Chicago 1996.

für Ricoeur auch die gegenwärtige symbolische Sprache ein neues Verhältnis zum Heiligen einfordert. Was aber ist das und wie kann es weiterhin umschrieben werden?

Ich glaube, dass Ricoeur nach wie vor Recht hat. Gute - oder sagen wir: lebende - Symbole stellen beim Sprechen sich gerade dort immer von selbst ein, wo sie das Projekt der aufgeklärten Rationalität durchkreuzen. Es ist, als gehe die Sprache beim symbolischen Sprechen ihren eigenen Lauf, als entwickle sie eine eigene Kraft, die wir uns anzuschließen haben. Dann macht es uns die Verschmelzung von Symbol und vollzogener Wahrheit schwierig, zwischen dem Symbolinhalt und der gemeinten Sache zu unterscheiden. Das lebende Symbol *bedeutet* nicht eine Wahrheit, sondern es *ist* die Wahrheit. Abstrakt ausgedrückt: Im Symbol drängt sich durch die Sprache das Heilige auf[47]. Es fragt sich nur konkret, warum sich in unserer Gesellschaft die religiöse Sprache, in die das Symbol doch einführt, nicht mit derselben Selbstverständlichkeit einstellt. Gibt es vielleicht doch einen Unterschied zwischen Heiligem und Religion? Offensichtlich ist es unter den vielen, die sich von der Sprache leiten lassen, doch nur eine Minderheit, die sich in den traditionellen Symbolen des Göttlichen noch findet. Oder hat sich das Symbol – aus kulturellen Gründen - vielleicht aus seinen religiösen Kontexten herausgestohlen, emanzipiert?

Wie R. Plum im Anschluss an D. Tracy zeigt, lassen sich auch beim Symbol Form und Inhalt unterscheiden. So drücken sich alle Religionen in der *Form* von Symbolen aus, deren *Inhalte* sind aber verschieden. Sie unterliegen Objektivierungen, weltanschaulichen und anderen Voraussetzungen, werden in Kontexte eingefügt. An diesem Punkt bleibt eine ideologiekritische Analyse (*E. Schüssler-Fiorenza*) unverzichtbar[48]. So macht R. Plum - im Vergleich von P. Ricoeur mit Ernst Bloch[49] - deutlich, wie verschieden solche Symbole und Symbolgruppen sein können. Dem vergangenheitsgerichteten, resignativen, geradezu nostalgischen Symbolbegriff Ricoeurs steht da ein ganz anderer, ein auf Zukunft und Freiheit gerichteter Symbolgebrauch gegenüber, wie E. Bloch ihn entwickelt hat. Zu fragen bleibt aber, ob wir Gott beim einen oder eher beim andern suchen müssen. So haben offensichtlich auch Gebrauch und Inhalt der Symbole Grenzen, auch sie bieten für die Rede von Gott kein geschütztes Revier, keine „sturmfreie Zone"; in einer säkularisierten Kultur garantieren auch sie keine Gegenwart Gottes.

---

[47] C. Colpe, *Über das Heilige*, Freiburg 1990; J. Splett, *Die Rede vom Heiligen*, Freiburg 1985; W. Kluxen, *Über die Rationalität der religiösen Erfahrung*, Köln, 1983.

[48] G. Martinez, *Confronting the Mystery of God. Political, Liberation and Public Theologies*, New York 12001.

[49] E. Bloch, *Gesamtausgabe* (1-16 und Ergänzungsband), Frankfurt 1969-1978. Zur Einführung: H. Riebold, *Wege zur Menschwerdung. Die Bedeutung der Grundbegriffe Utopie und Dialog für die Theorie, Praxis sozialer Therapie, dokumentiert am Hauptwerk von Ernst Bloch und Martin Buber*, Kassel 2000.

Also greift auch die Welt der Symbole zu kurz, wie R. *Plum* zeigt. Zwar bietet die traditionelle Symboldefinition für Komparative und Erweiterungen immer Raum; die begriffliche Fassung dessen, was unmittelbar gesagt, und dessen, was damit in einem „tieferen" Sinn gemeint ist, lässt sich auf der Ebene der Begrifflichkeit immer miteinander vergleichen. Auch lässt sich auf dieser Ebene zeigen, wie ein Zeichen - in einem Prozess unaufhörlicher Überschreitung - immer weitere und „tiefere" Bedeutungen aus sich entlässt. Das „Kreuz" wird zum Zeichen für den Tod Jesu, für das Leid von Menschen, für Botschaft und Geschick des Menschen und Messias Jesus Christus, für Christentum und Kirche, für Erlösung und Heil, für die frei gewählte Ohnmacht des Sohnes Gottes und Gottes selbst, für den Sieg der Liebe Gottes. Man versteht das Symbol als Platzhalter für ganz andere, vielleicht geheimnisvolle und unaussprechliche Wirklichkeiten: für den Glauben, die Liebe, die Unendlichkeit, für „Gott". Aber dieses Modell von einer ersten Bedeutung und einem tieferem Sinn versagt spätestens bei der Rede von Gott. Es setzt ja voraus, dass wir ein Symbol mit der Sache selbst vergleichen können, auf das es sich bezieht. Wir müssten Gott also kennen, *bevor* wir ihn symbolisch benennen. Das ist eine Fiktion, vergleichbar einem Astronomen, der den Abstand zwischen Erde und Sirius schon kennt, bevor er seine Messmethoden austestet. Wie will er das aber wissen, da er doch keine anderen Messmöglichkeiten hat.

Diesem Fall vergleichbar umschreibt die traditionelle Definition des Symbols höchstens einen pädagogischen Prozess. Dann weiß die Theologie schon, wer Gott in Wirklichkeit ist; den Ungebildeten macht sie es in treffenden Bildern klar. Dieses Modell übersieht, dass von Gott auch die Theologie nichts Objektives weiß, weil Gott *immer* auf der anderen Seite unseres Erkennens steht. Wir können nie so tun, als hätten wir einen Zipfel von Gottes Wirklichkeit begriffen.[50] Zwar haben religiös integrierte Kulturen immer schon allgemeine Absprachen zur Gottesfragen entwickelt; an sie können sich Symbole des Göttlichen anlehnen; es bietet dann eine unentbehrliche Erweiterung, Vertiefung und Illustration, eine Sensibilisierung des Geheimnisses selbst. Wer aber sagt mir, ob sich eine solche Kultur nicht täuscht? So bleiben in einer religiös integrierten Kultur immer Täuschungsmöglichkeiten gewaltigen Ausmaßes. Was aber geschieht umgekehrt dann, wenn diese religiöse Plausibilität in einer Kultur nicht mehr vorausgesetzt werden kann oder verschwindet? Dann ist auch für die Symbole der Ernstfall gegeben. Sie können sich nicht mehr in eine pä-

---

[50] Dieser Vorbehalt gilt auch für die Religionen. Ihr – teils massiv vorgetragener - Anspruch, Gottes Wort zu verkünden, ist immer schon dem Einspruch unterstellt, dass Gott unaussprechliches Geheimnis ist und bleibt. Als Angehörige/r einer bestimmten Glaubenstradition kann mich bestimmten Rede- und Vorstellungsweisen natürlich mit vollem Herzen anvertrauen, ihnen also eine hohe Autorität zuerkennen. Aber auch sie sind immer neu auszulegen und auf die Erfahrungswelt bestimmter Gesellschaften und Kulturen zu beziehen.

dagogische oder mystagogische Nische zurückziehen, denn der *terminus ad quem*, also die „tiefere" Bedeutung des Symbols ist nicht mehr bekannt, nicht einmal seine Mangelerfahrung fällt ins Gewicht. Implodiert nicht für eine säkularisierte Verstehensgemeinschaft die gesamte religiöse Bedeutungsarchitektur, auch wenn Symbole sie tragen? Versuchen wir noch eine Schicht tiefer zu graben.

4. Symbol und Wirklichkeit

Ricoeur hat in seiner Symbolik des Bösen darauf verwiesen, dass Symbole ganze Geschichten (dramatische Erzählungen und Mythen) aus sich entlassen[51]; man denke nur an die Geschichte vom Sündenfall. Diese Erzählungen stimulieren die Vorstellungskraft des Menschen und schaffen Verbindungen zum menschlichen Leben, die beim Hören auch wirklich nacherlebt, in die eigene Wirklichkeit übertragen werden[52]. Später kehrt er die Blickrichtung um. Jetzt erscheint die Geschichte nicht mehr als Erweiterung des Symbols, vielmehr erscheinen Symbole als Zusammenfassung und Verdichtung einer Geschichte. Mit dieser Umkehrung erhält das Symbol eine anthropologisch-existentielle und eine geschichtliche Dimension, damit ganz unerwartet auch einen Maßstab[53]. Angesichts des Gesagten erreicht ein Symbol – ob religiös oder nicht - in dem Maße eine Wahrheitsqualität, als es mit der Wirklichkeit im Ganzen zu tun hat - sofern diese sich in der Erfahrung, Wahrnehmung und Sprechen von Menschen spiegelt, wiederholt, ereignet. Wenn dem Symbol also eine Struktur von erster Bedeutung und „tieferem" Sinn innewohnt, dann muss damit eine *dynamische* Struktur, die Struktur einer Wirklichkeitswahrnehmung gemeint sein, die voranschreitet, weil sie „tiefer" dringt, ein überschreitendes, vielleicht unaussprechliches Dunkel erreicht. Sie pendelt nicht beliebig zwischen Oberfläche und Tiefe, sondern gebannt zwischen Wort und umfassend Erlebten (dessen Unaussprechlichkeit eingeschlossen). Es ist die Fackel der Revolution oder der Schrei eines gefolterten Menschen, der Fehltritt einer verletzenden Untreue oder die Umarmung des heimkehrenden Kindes. Es ist die Apokalyptik eines unmenschlichen Grauens oder der Vorschein einer versöhnten Menschheit Umfassende Wirklichkeiten werden zusammengefasst und zum „Ausdruck" gebracht, offensichtlich deshalb, weil sich die Wirklichkeit selbst in Geschichten und Ereignissen kristallisiert.

Wegen dieser Dynamik werden Symbole nicht „angewendet", so wie man eine Allegorie einsetzt oder ein Auto benutzt. Sie bilden sich in performativen Prozessen, als berichtender, narrativer, als sprachlicher Verdichtungsprozess von Zeit, Ereignis,

---

[51] A. Grözinger, *Erzählen und Handeln*, München 1989; S. Hauerwas, L.G. Jones (Hg), *Why Narrative?* Grand Rapids (Mich), 1989; W. Schapp, *In Geschichten verstrickt*, Freiburg ³1987; K. Wenzel, *Zur Narrativität des Theologischen*, Frankfurt/M 1997; ders., Art.: Narrative Theologie, in: *Lexikon für Theologie und Kirche*, 3. Aufl., VII, 640-643.

[52] R. van den Brandt (Hg), *Verbeeldingen van de Ander. Over literatuur, filosofie en religie*, Budel 2002.

[53] H.-G- Ziebertz u.a. (Hg), *The Human Image of God*, Leiden 2001.

Wirklichkeit. Symbole „werden" immer neu. Wenn sie ihren Inhalt ausgebildet haben und dann als (fertige und ausformulierte) Symbole erkennbar werden, haben sie im Grunde ihre Funktion des Zusammenfassens, Besprechbar-Machens, des Verdichtens schon vollendet. So sind Symbole erst in dem Augenblick sie selbst, in dem ihre Wirkung erreicht ist. Wenn Symbole aufs Intensivste mit Wirklichkeit und Geschehen zu tun haben, dann sind sie *immer* auf Werden und Vergehen bezogen. Ich kann sie also nicht auf diese statisch-paradigmatische Doppelung reduzieren, denn die Wirklichkeit selbst zeigt keine statische, sondern eine dynamische Tiefenstruktur.

Warum sind solche Überlegungen für unsere Thematik wichtig? Jetzt endlich komme ich auf die gegenwärtige Funktion religiöser, auf Gott bezogener Symbole zurück. Solche Symbole sind wichtig, weil unseren säkularisierten Kulturen eine grundlegende Qualität abhanden gekommen ist. „Gott" ist im Symbolkosmos unserer Kulturen kein integrierender, kein sinnenthüllender Faktor mehr, sondern zur umstrittenen und weitgehend unerkannten Sinneinheit, wenn nicht gar zum Synonym für Unsinn geworden. Das einzige, was wir dem Anspruch nach wissen, ist dies: Für diejenigen, die die Koordinaten ihres Leben auf „Gott" ausrichten, hat „Gott" gerade als Platzhalter eines letzten Geheimnisses mit menschlicher Existenz, mit der Geschichte, mit der Wirklichkeit im Ganzen zu tun, dies trotz aller Widersprüche und Aporien.[54]

Also bleibt nur noch ein Weg, der im öffentlichen Diskurs allerdings in vorbehaltloser Radikalität zu beschreiten ist: Bei der Rede von Gott ist weder beim Begriff „Gott" noch bei dessen Symbol anzusetzen. Wir können nicht mehr fragen: „Wer ist ‚Gott'?", noch können wir den Ruf des vergangenen Jahrhunderts wiederholen: „Wie können wir symbolisch über ‚Gott' sprechen?". Wir haben bei unserem Sprechen – auch beim Sprechen über „Gott"! - so dicht bei der Wirklichkeit selbst zu bleiben, dass sie in diesem Sprechen selbst ihren symbolischen Charakter, ihre Symbolizität entfaltet. Es muss und wird ein symbolisches (sagen wir besser: ein symbolisierendes) Sprechen sein, das im Ereignis des Gesprochenwerdens weder ein (fertig geronnenes) Symbol ist, noch als Symbol erkennbar wird.

Wie aber kann ich dann wissen, dass ich über und von „Gott" spreche? Wie kann ich hoffen, dass aus diesem weltlichen Reden ein Symbol für Göttliches wird? Nach den bisherigen Ausführungen hat diese Frage ihre Schrecken verloren, aber sie zwingt uns zu einer letzten Nüchternheit. Denn wir sind genau an dem Punkt angelangt, den die Säkularisierung von Sprechen und Denken in letzter Konsequenz meint. Es ist der Augenblick, in dem „Gott" auch nicht mehr als Möglichkeit oder als Frage, nicht einmal mehr als Mangel erfasst wird. Es ist der Augenblick, in dem wir „Gott" auch nicht mehr als praktisches Postulat, als Denknotwendigkeit oder als Möglichkeitsbe-

---

[54] R. Horner, *Rethinking God as gift. Marion, Derrida and the limits of phenomenology*, New York 2001; J. Janssen, *Aan de onbekende God. Reiken naar religie in een geseculariseerde cultuur*, Amsterdam 2002.

dingung unserer Existenz einführen können[55]. In diesem Augenblick wird „Gott" nicht mehr zu nennen sein.

5. „Etsi Deus non daretur ..."

Kann ich dann noch als Theo- oder Thea-loge sprechen? Habe ich mir mit dieser Position nicht den Ast abgesägt, auch dem ich sitze? In der tat, auf semantischer Ebene habe ich mich in eine Aporie ohne Ausweg manövriert. Sie stellt mich vor die Entscheidung: Kann die Theologie mit dieser Hypothese weiterhin arbeiten und die Sache des Glaubens rundum verantworten, oder muss ich mich darauf beschränken, fromme und ehrfurchtgebietende Texte auszulegen und deren Wahrheitsanspruch eben evangelikal oder fundamentalistisch vorauszusetzen? Wie soll ich diese Aporie ohne Denkabbrüche oder Denkzwang, zugleich ohne Glaubwürdigkeitsverlust überwinden?[56] Vielleicht liegt die Lösung gar nicht auf der semantischen Ebene, sondern in der Dynamik des Symbols. Gegen Ende seiner Abhandlung weist R. Plum darauf hin, dass die Sprache „etwas tut"[57]. Für Eingeweihte ist dieses zurückhaltende Signal unmissverständlich; eine ganze Generation hat darüber nachgedacht. Schon

---

[55] C. Sedmak, *Theologie in nachtheologischer Zeit*, Mainz 2003.

[56] H.J. Görtz, Wie ‚gottlos' sind die ‚Gottlosen'? Auf der Suche nach einer anderen Art von Gott zu sprechen, in: A. von Hoof, u.a. (Hg), *Glaubenserfahrungen in Glauben und Denken*, Würzburg 1998, 145-165.

[57] Auf die breite Palette linguistischer Handlungstheorien kann hier nicht eingegangen werden. Sie erstrecken sich von Analysen der „ordinary language" über Sprachspieltheorien (vgl. L. Wittgenstein) und Sprechakttheorien (vor allem J.L. Austin und J. R. Searle) bis hin zu umfassenden Theorien, wie etwa die „Theorie des kommunikativen Handelns" von J. Habermas (so E. Arens, Art.: Handlungstheorie, in: *Lexikon für Theologie und Kirche*, 3. Aufl. IV, 1180-1181). Wichtig wurden namentlich die Theorien von informativer und performativer Rede (die in ihrer Art illokutionär oder perlokutionär sein kann). Diese Theorien können erhellen, dass und in welchem Sinn Worte und Sprechen – zumal im Bereich von Interaktion und menschlicher Kommunikation - handeln, Situationen verändern und Wirklichkeit schaffen. M.E. können diese Theorien angemessen die Erfahrung erhellen, die sich im bejahenden Umgang mit Symbolen einstellt: Gelungene Symbole fügen die Hörer in eine Wirklichkeit ein, eröffnen Partizipation und vermitteln die Gewissheit, dass der Bereich reiner Information überschritten ist. In der Tat, wenn eine Person mir etwas verspricht, überschreitet sie kraft ihrer Sprache die Möglichkeiten reiner Information. Wenn mir umgekehrt Wahrheit, Zukunft oder neue Freiheit zugesprochen wird, dann nehme ich wahr, dass in und durch die Information hindurch gehandelt wird. Vgl. E. Arens, *Gottesrede – Glaubenspraxis. Perspektiven theologischer Handlungstheorie*, Darmstadt 1994; J.L Austin, *How to Do Things With Words*, Oxford 1962; H. Peukert, *Wissenschaftstheorie, Handlungstheorie, Fundamentale Theologie*, Frankfurt/M 1978.

die einfachste Existenzaussage setzt ein ontologisches Engagement, also ein sprachlich affirmatives Handeln voraus[58].

Die Auflösung des Problems legt sich nahe, sobald ich die Handlungsdimension der Sprache berücksichtige. Sprache rekonstruiert und kreiert. Sie schafft Verstehenswirklichkeiten und Handlungsmöglichkeiten. Sprache färbt, errichtet oder zerstört Identitäten und Gemeinschaften. Der Schrei eines Kindes kann Situationen verändern, der Ruf „Feuer" ungeheure Aktivitäten in Gang setzen; ein Gedicht oder ein solidarisches Wort kann heilen. Es sind die geglückten oder gebrochenen Augenblicke des Alltags mit ihrer eigenen Sprache, die Göttliches nahe bringen können[59]. Umgekehrt können ein Wort der Verachtung, eine Lüge oder ein ungerechtes Urteil ungeheures Unheil anrichten. Das gilt auch für die Rede von „Gott".

So geht eine Sprachhandlung immer ihrer Bedeutung voraus, denn durch ihr Tun schafft sie die Wirklichkeit, innerhalb derer ihre Inhalte dann zu verstehen sind. Die für Ricoeur so wichtige Erfahrung, dass ein Symbol nicht von uns produziert wird, sondern uns begegnet, also unser Rationalitätsprojekt durchkreuzt, hat ihren Grund in dieser dichten Wirklichkeitserfahrung, in einem Wirklichkeitsüberschuss, aus der heraus symbolisches Sprechen erst entstehen kann. Diese Erfahrung gilt aber nur, wenn wir für unser Sprechen nicht ein fertig gestanztes Symbol übernehmen, sondern wenn uns eine solche Konfrontation mit einer widerständigen Wirklichkeit leitet, so dass sich diese Wirklichkeit – im buchstäblichen Wortsinn – einen bildhaften, indirekten Ausdruck verschafft.

Die Folgerungen liegen auf der Hand. Sprache ist für die Theologie nicht als ein Magazin für verfügbare, fertige „Symbole" interessant. Das gilt insbesondere für die Rede von Gott. Sie ist interessant in dem Augenblick, in dem sie „symbolisiert", also den Übergang von der Wirklichkeit zu ihrem Symbol verwirklicht. Da bereitet sie die Situation für symbolisches Sprechen vor, oder – besser noch – sie wird von einem Wirklichkeitsüberschuss aufgebrochen, der aus sprachlichem Handeln lebt, so wie ein Gedicht, eine Blüte oder ein Mensch plötzlich Unerwartetes verströmt: Schönheit, den Glanz der Farben, Güte. Ist aber die Wirklichkeitskraft eines Gedichts, einer Blüte oder eines Menschen selbst ein „Symbol"? Streng, im Augenblick ihres

---

[58] Erst dieses „ontologische Engagement" ermöglicht die Kommunizierbarkeit und Verstehbarkeit von Existenzaussagen. Da ansonsten alle Aussagen über Objekte die Frage offen lassen, ob es sie gibt oder nicht, ist bei einer Existenzaussage dieses Engagement unverzichtbar: „Mit der Behauptung ‚Gott existiert' postuliere ich somit einen Wirklichkeitszusammenhang zwischen Gott und mir, in dem wir beide unseren Ort haben ..." (Dalferth, a.a.O., 591). Dieser Wirklichkeitszusammenhang ist es, der m.E. im symbolisierenden Sprechen zur Geltung kommt.

[59] A. Berlis, M. Kalsky (Hg), *Alltägliche Transzendenz. Postmoderne Ansichten zu Gott*, Münster 2003.

Erscheinens (noch) nicht. Im strengen Wortsinn ist symbolisches Sprechen *im Augenblick seines Geschehens* aber nicht als solches erkannt. Es darf als solches nicht einmal erkennbar sein, wenn es seine Funktion erfüllen will. Die linke Hand der objektivierenden Reflexion darf (noch) nicht wissen, was die rechte Hand des elementaren Ausdrucks tut. E. Bloch spricht vom „Dunkel des gelebten Augenblicks". Wirklich symbolische Rede darf deshalb nichts über eine tiefere Bedeutung sagen *wollen*, sie darf nur die von ihr evozierte Wirklichkeit ganz und umfassend gegenwärtig setzen - vielleicht im begleitenden Bewusstsein, dass mit einem einfachen Wort („Rose", „Sonne" oder „Nacht") eine unaussprechliche Tiefe betroffen ist. Die unerwarteten Ausblicke, Hoffnungen und Schrecken, Höhen und Tiefen liegen aber – ungenannt - im Überschuss der Wirklichkeit selbst, nicht im analysierbaren Inhalt des Wortes oder das Bildes, das wir als ausgereiftes, wohlbedachtes „Symbol" einsetzen, wenn nicht gar instrumentalisieren können. Eine Epoche, in der das Wort und/oder das Symbol „Gott" (in vielfältigen Diskursen) versagt haben und zur nichtssagenden Sprachhülse verkümmert sind, verstellt das verfügbare Symbol „Gott" Gottes Sache. Der Inhaltsverzicht „Gott" wird dann unverzichtbar, wollen wir Augenblicke des Wirklichkeitsüberschusses wieder erfahren. Nur ein apophatischer Sprachgebrauch kann uns retten, nennen wir es „negative Philosophie" oder (eine ernsthafte) „negative Theologie".

Einem Beispiel für diese Problematik bei Ricoeur selbst ist R. *Plum* auf der Spur. In seinen Ricoeur-Analysen macht er darauf aufmerksam, dass seine Symbole und Symbolstrukturen resignativ, auf Ursprung und Herkunft gerichtet sind, den Menschen in Grenzen verweisen und auf Grenzen hinweisen. Damit filtert er seinen Zugang zur Wirklichkeit; er interpretiert ihn von Symbolen her, die zwar noch wirksam, aber als Sprechelemente schon geronnen sind. R. Plum konfrontiert nun diesen Symbolumgang Ricoeurs mit der Art und Weise, wie Ernst Bloch mit Symbolen umgeht. Dessen Schwäche erweist sich schließlich als Stärke. Blochs Schwäche: eine Theorie der Symbole interessiert ihn relativ wenig; er legt nichts fest, orientiert sich am Geschehen. Er sucht, evoziert Symbole; er spielt mit ihnen im Interesse des Menschen und seiner Wirklichkeit: im Interesse von Leben und Geschichte, Freiheit, Zukunft, Tod. Ihn interessieren aufrechter Gang und Transzendenz sowie wie Frage. „Was dürfen wir hoffen?"

Ob das gegenüber Ricoeur ein prinzipieller Vorteil ist, wage ich hier nicht zu entscheiden, denn auch Bloch wendet sich einer bestimmten Klasse von Symbolen zu. Ich glaube aber zu wissen: Die vorbehaltlose Offenheit, wenn nicht gar die Abwesenheit von jeglichen Symbolisierungen des Gottesbegriffs im öffentlichen Diskurs verlangt die Offenheit von Symbolen selbst. Sie verlangt den Rückgang auf jenen elementaren Augenblick, in dem und aus dem so etwas wie Symbolisierung, also zum Ausdruck kommende Wirklichkeitskonfrontation entsteht. Vielleicht gibt das, was wir von Ricoeur gelernt haben, schon einen ersten Fingerzeig für das Scheitern religiöser Symbolik in unserer Kultur. Das Symbol, das für Ricoeur in den Raum des

Heiligen gehört, *durchbricht* für Ricoeur das Projekt menschlicher Selbstschöpfung. Es verweist zurück auf den Bereich des Gewesenen, der Erinnerung, der ursprünglichen Einbettung des Menschen in den Kosmos. In der Sprache Blochs: Ricoeur entdeckt das Reich des Vergangenen, des Onirischen, das in den Nachtträumen zu Hause ist.

Gegenüber dem Moll dieser Welt stehen das Dur und das Hoffende der Blochschen Symbolwelt. R. Plum umschreibt das so: „Freiheit, Kreativität und Denken werden nicht heimlich von einem Ursprungsverlangen beherrscht, was in gewissem Sinn für menschliche Handlungen immer ein starres Kriterium bedeutet, weil vom Neuen – vom neu Bedachten und neu Gedachten – immer gefordert wird, dass man in ihm das Alte und Ursprüngliche höre. Von jedem Fortschritt im Denken und Verstehen sowie von der Interpretation von Symbolen wird gefordert, dass es ein Gedenken sei, also die Entdeckung der ‚eigentlichen' Bedeutung, von der man dann behauptet, sie sei zwar neu, aber man habe es schon immer gesagt. Ein solches Denken macht es unmöglich, neue Symbole wahrzunehmen und sie in ihrer möglicherweise neuen Bedeutung zu verstehen. Ricoeurs Symbol steht, so verstanden, für eine Symbolauffassung des letzten Grundes."

Vor diesem Hintergrund versteht R. Plum nun Blochs Symbolauffassung als Gegensatz. Bloch *lebt* in Symbolwelten. Diese Symbolwelten haben in erster Linie aber nicht mit dem Heiligen, sondern mit dem Menschen und seiner Geschichte, mit der Welt, mit der Zukunft zu tun. In diesem Sinn ist es ein durch und durch weltliches Denken, immer gerichtet auf die Schnittstelle, an der das „Noch-Nicht" der Zukunft, die „Latenz" des noch-nicht-seienden Menschen zur Sprache kommt. R. Plums Folgerung: Bloch „rechnet mit einem solchen Grund-Denken rigoroser ab".

Dann aber schließt R. Plum seinen Text mit einer überraschenden Schluss-Aussage: „Und schließlich ist es das Wort ‚Gott', das ein solches Grund-Denken verbietet und verunmöglicht." Das Wort „Gott" verbietet also den ständigen Rückgriff auf eine Sprache, die Gottes Existenz und Wahrheit schon verarbeitet, ausgemacht, abgesichert hat. Wenn das Reden von Gott - das immer schon symbolisierendes, wenn auch nicht symbolisches Reden sein muss - offen sein will, gewinnend, überzeugend und für unsere Öffentlichkeit wirksam, dann muss es durch und durch weltliches Reden sein. „Gott" hat es sozusagen nicht nötig, ständig beim Namen genannt und in Begriffen erfasst zu werden. Wohl tun wir aber gut daran, dieses Wort „Gott" als Statthalter einer letzten Offenheit weiterhin zu behüten und zu ehren.

Müssen wir also nicht neu lernen, so zu reden *„etsi Deus non daretur"* (R. Bonhoeffer)? Gewiss, ein „billiges" Gott-Vergessen kann das nicht bedeuten. Aber es muss sich zunächst transformieren in ein Reden von der Welt im Ganzen, von ihrer Kontingenz und ihrer Abgründigkeit, alle Bosheit und alle Opfer eingeschlossen. Die Worte vom Verlieren und Finden, vom Sterben und von der n*euen Frucht gelten auch hier. Vielleicht können wir Christen sogar entdecken: mit diesem Programm der negativen Selbstbescheidung folgen wir nur einer Spur, die schon in der Rede Jesu zu finden ist. Wie ich schon weiter oben sagte: Schließlich war er es, der – in klassischer und immer noch vorbildhafter Weise – dann, wenn es um „Gott" ging, nicht eine Gotteslehre entfaltete, sondern von menschlichen Geschichten, vom Suchen und Finden, von Verlust und Gewissen, von Schuld und Vergebung, vom Glücken menschlicher Beziehungen, von der Politik des „göttlichen" Reiches gesprochen hat. Vermutlich hätte er mit dem Gottesverlust der Gegenwart viel weniger Probleme gehabt als mit dem Menschenverlust, um dessentwillen wir die Gottesfrage stellen.

Sprechen über Gott anno 2003? Nichts von dem, was 1998 gesagt wurde, sei damit zurückgenommen. Es ging nur darum, aus dem Gesagten noch einige Konsequenzen zu ziehen. Sie zeigen uns, dass die Geschichte des Redens von „Gott" am Beginn dieses Jahrhunderts einen spannenden und notwendigen Weg geht, auch wenn es uns Selbstverzicht und eine mühsame Neuentdeckung der Sache selbst abverlangt.

Zu den Herausgebern der Reihe

Prof. Dr. G. Essen (1961), Professor an der Theologischen Fakultät der Universität Nijmegen, Fachgebiet: Dogmatische Theologie

Prof. Dr. Hermann Häring (1937), Professor an der Theologischen Fakultät der Universität Nijmegen; Fachgebiete: bis 1998 Systemtische Theologie, seitdem Wissenschaftstheorie und Theologie. Direktor des Interdisziplinären Instituts für Theologie, Wissenschaft und Kultur (Heyendaal Institut) in Nijmegen.

Prof. Dr. Toine J.M. van der Hoogen (1947), Professor an der Theologischen Fakultät der Universität Nijmegen, Fachgebiet: Fundamentaltheologie

Zu den Autorinnen und Autoren dieses Bandes

Prof. Dr. Hermann Häring (s.o.)

Prof. Dr. Anton W.J. Houtepen (1940), Professor an der Theologischen Fakultät der Universität Utrecht; Fachgebiete: Systematische und Ökumenische Theologie; langjähriger Direktor des Interuniversitären Instituts für Missiologie und Ökumenische Theologie (IIMO) in Utrecht.

Prof. Dr. Dr. h.c. Karl-Josef Kuschel (1948), Professor an der Katholisch-Theologischen Fakultät der Universität Tübingen; Fachgebiete: Theologie der Kultur und Interreligiöser Dialog.

Prof. Dr. Dr. h.c. Robert Schreiter (1947), Professor am *Vatican II.* Lehrstuhl an der „Catholic Theological Union" in Chicago; Fachgebiet: Systematische Theologie; zugl. Prof. an der Theologischen Fakultät der Universität Nijmegen.

Prof. Dr. Dr. h.c. Elisabeth Schüssler Fiorenza (1938), Professorin am *Krista Stendhal* Lehrstuhl an der Harvard Divinity School; Fachgebiete: Exegese des Neuen Testaments und feministische Theologie.

Prof. Dr. Dr. h.c. Johannes A. van der Ven (1940), Professor an der Theologischen Fakultät der Universität Nijmegen; Fachgebiete: Empirische und Praktische Theologie; zugl. Prof. an der University of South Africa (UNISA).

Wissenschaftliche Paperbacks
Theologie

Michael J. Rainer (Red.)
"Dominus Iesus" – Anstößige Wahrheit oder anstößige Kirche?
Dokumente, Hintergründe, Standpunkte und Folgerungen
Die römische Erklärung "Dominus Iesus" berührt den Nerv der aktuellen Diskussion über den Stellenwert der Religionen in der heutigen Gesellschaft. Angesichts der Pluralität der Bekenntnisse soll der Anspruch der Wahrheit festgehalten werden.
Bd. 9, 2. Aufl. 2001, 350 S., 20,90 €, br., ISBN 3-8258-5203-2

Rainer Bendel (Hg.)
Die katholische Schuld?
Katholizismus im Dritten Reich zwischen Arrangement und Widerstand
Die Frage nach der „Katholischen Schuld" ist spätestens seit Hochhuths „Stellvertreter" ein öffentliches Thema. Nun wird es von Goldhagen neu aufgeworfen, aufgeworfen als moralische Frage – ohne fundierte Antwort.
Wer sich über den Zusammenhang von Katholizismus und Nationalsozialismus fundiert informieren will, wird zu diesem Band greifen müssen: mit Beiträgen u. a. von Gerhard Besier, E. W. Böckenförde, Heinz Hürten, Joachim Köhler, Johann Baptist Metz, Rudolf Morsey, Ludwig Volk, Ottmar Fuchs und Stephan Leimgruber.
Bd. 14, 2002, 368 S., 19,90 €, br., ISBN 3-8258-6334-4

Theologie: Forschung und Wissenschaft

Ulrich Lüke
Mensch – Natur – Gott
Naturwissenschaftliche Beiträge und theologische Erträge
Dies Buch ist ein Angriff auf die praktizierte Apartheid des Denkens zwischen Naturwissenschaftlern und Theologen. Die einen werden mit ihren verschwiegenen philosophisch-theologischen Denkvoraussetzungen und -konsequenzen und die anderen mit den empirischen Implikationen ihres Glaubens konfrontiert. Eine methodisch konsequent in naturwissenschaftliche und philosophisch-theologische Aussagen geteilte Welt ist nicht gesund, sondern schizophren. Der Autor plädiert nachdrücklich für ein naturwissenschaftliches Mitspracherecht bei theologischen und eine theologische Konsultationspflicht bei naturwissenschaftlichen Fragen, für einen umfassenden interdisziplinären Diskurs. So trägt er in den spannenden Zeit- und Streitfragen dem Wort des Thomas von Aquin Rechnung: „Ein Irrtum über die Welt wirkt sich aus in einem falschen Denken über Gott."
Bd. 1, 2002, 184 S., 17,90 €, br., ISBN 3-8258-6006-x

Wolfgang W. Müller
Gnade in Welt
Eine symboltheologische Sakramentenskizze
Sakramente sind Erkennungszeichen für die Suche des Menschen nach Ganz-Sein und Heil als auch der Zu-Sage der Heilsgabe Gottes an uns Menschen. Sakramente werden in der Theologie bedacht, in der Liturgie gefeiert. Vorliegender symboltheologischer Entwurf folgt einer Einsicht moderner Theologie, Dogmatik und Liturgiewissenschaft aufeinander bezogen zu denken. Die symboltheologische Skizze eröffnet einen interdisziplinären Zugang zum Sakramentalen.
Bd. 2, 2002, 160 S., 17,90 €, br., ISBN 3-8258-6218-6

Gabriel Alexiev
Definition des Christentums
Ansätze für eine neue Synthese zwischen Naturwissenschaft und systematischer Theologie
Eine wesentliche Führungsgröße im zwischenmenschlichen Gespräch ist die Eindeutigkeit der einschlägigen Begrifflichkeit, die begriffsgemäß durch möglichst klare und gültige Begriffsbestimmungen, also durch „Definitionen", zustande kommt.
Die vorliegende Arbeit bemüht sich unter Absehen konfessioneller Eigenheiten, wohl aber unter Einbezug naturwissenschaftlicher Ergebnisse (hier besonders der Biologie) um die Erarbeitung einer möglichst gültigen und klaren „Definition des Christentums".
Bd. 3, 2002, 112 S., 17,90 €, br., ISBN 3-8258-5896-0

Klaus Nürnberger
Theology of the Biblical Witness
An evolutionary approach
The "Word of God" emerged and evolved as divine responses to changing human needs in biblical history. By tracing the historical trajectories of six paradigms of salvation, such as ex-odus, kingship and sacrifice, through a millennium of biblical history, Nürnberger reveals a vibrant current of meaning underlying the texts which expresses growing insight into God's redeptive intentions and which can be extrapolated in to the present predicaments of humankind. Das Wort Gottes entstand und entfaltete sich als göttliche Antwort auf sich verändernde menschliche Notlagen. Indem Nürnberger die Bahn von sechs soteriologischen Paradigmen wie Exodus, Königtum und Opfer durch ein Jahrtausend biblischer Geschichte verfolgt, zeigt er einen Bedeutungs-

LIT Verlag Münster – Hamburg – Berlin – London
Grevener Str./Fresnostr. 2 48159 Münster
Tel.: 0251 – 23 50 91 – Fax: 0251 – 23 19 72
e-Mail: vertrieb@lit-verlag.de – http://www.lit-verlag.de

strom auf, der eine wachsende Einsicht in Gottes Heilswillen bloßlegt und den man in die gegenwärtigen Nöte der Menschheit fortschreiben kann.
Bd. 5, 2003, 456 S., 34,90 €, br., ISBN 3-8258-7352-8

Herbert Ulonska; Michael J. Rainer (Hg.)
Sexualisierte Gewalt im Schutz von Kirchenmauern
Anstöße zur differenzierten (Selbst-)Wahrnehmung. Mit Beiträgen von Ursula Enders, Hubertus Lutterbach, Wunibald Müller, Michael J. Rainer, Werner Tzscheetzsch, Herbert Ulonska und Myriam Wijlens
Kirchen beanspruchen eine hohe moralische Autorität, wenn es um die Bewahrung der Würde des Menschen geht. Kirchen werden an den Pranger gestellt, wenn sexualisierte Gewalt gegen Kinder und Jugendliche durch ihre Amtsträger und Mitarbeitenden aufgedeckt wird. Angesichts des „Seelenmordes" dürfen Kirchenmauern das Unfaßbare nicht verschweigen und pädosexuellen Tätern keinen Schutz gewähren. Kirchen beginnen endlich zu handeln und das Schweigen zu brechen. Um aber präventiv handeln und konkret arbeiten zu können, ist vertiefendes Wissen dringend erforderlich. Anstöße für eine differenzierte Selbst-Wahrnehmung bieten die hier erstmalig zusammengeführten Perspektiven aus Kirchengeschichte und -recht, Religions-Pädagogik und Psychologie, Medien- und Multiplikatorenarbeit.
Bd. 6, 2003, 192 S., 17,90 €, br., ISBN 3-8258-6353-0

Wilhelm H. Neuser
Die Entstehung und theologische Formung der Leuenberger Konkordie 1971 bis 1973
Die Leuenbürger Konkordie (1973) hat sich als das große Einigungswerk zwischen den lutherischen und reformierten Kirchen Europas erwiesen. Sie ist Grundlage auch der erfolgreichen Konsensgespräche mit anderen Kirchen. Zum 30jährigen Jubiläum legt der Verfasser, der selbst Teilnehmer war, eine Textausgabe vor, die erstmals Tischvorlagen in den Arbeitsgruppen und die Vorlagen für das Plenum umfaßt. Die Entstehung des Entwurfs 1971 und die Revision 1973 erscheint nun als ein Prozeß, der die theologische Formung der Konkordie genau verfolgen läßt. Die Textausgabe wird so zum Kommentar der Konkordie. Der Verfasser gibt in der Einleitung eine erste Deutung. Im Anhang werden acht Begleittexte geboten.
Bd. 7, 2003, 136 S., 19,90 €, br., ISBN 3-8258-7233-5

Religion – Geschichte – Gesellschaft
Fundamentaltheologische Studien
herausgegeben von
Johann Baptist Metz (Münster/Wien),
Johann Reikerstorfer (Wien)
und Jürgen Werbick (Münster)

Detlef Schneider-Stengel
Christentum und Postmoderne
Zu einer Neubewertung von Theologie und Metaphysik
Christliche Theologie und philosophische Ansätze der Postmoderne stehen, so scheint es, in einem schwierigen, wenn nicht konträren Verhältnis zueinander. Wenn man aber genauer hinsieht, dann haben beide mehr gemeinsam, als sie selbst voneinander glauben. Denn die Postmoderne, so die These von Leslie Fiedler, ist genuin religiös. Die vorliegende Arbeit hat sich zum Ziel gesetzt, mit Hilfe der Religionsphilosophie anhand moderner Mythos- und Metapherntheorien einen Dialog zu initiieren, der für beide Seiten sehr fruchtbar wäre. Die aufgezeigten und entwickelten Dialogmodelle könnten dann als hermeneutische Gesprächshilfen dienen.
Bd. 19, 2002, 328 S., 25,90 €, br., ISBN 3-8258-5011-0

K. Hannah Holtschneider
German Protestants Remember the Holocaust
Theology and the Construction of Collective Memory
Drawing on the methodology of collective memory this dissertation analyses representations of the Holocaust and Jews in three German Protestant theological texts (Rheinischer Synodalbeschluss 1980, F.-W. Marquardt's Von Elend und Heimsuchung der Theologie and B. Jüngst's Auf der Seite des Todes das Leben). The analysis of these texts is informed by the development of narratives of collective memory of the Holocaust in German society in the 1980s and 1990s (the miniseries Holocaust and Heimat, the Bitburg Controversy, the Historikerstreit and the Goldhagen Controversy) and by the study of generational transmission of Holocaust memory in the third generation of non-Jewish Germans. In particular, the paradigms generated by Christian reflection on the Holocaust and Jews and their consequences for current Christian-Jewish relations in Germany are addressed. The theological narrative of this study becomes increasingly complex through the inclusion of social and generational issues of Holocaust remembrance in Germany.
Bd. 24, 2001, 232 S., 25,90 €, br., ISBN 3-8258-5539-2

LIT Verlag Münster – Hamburg – Berlin – London
Grevener Str./Fresnostr. 2 48159 Münster
Tel.: 0251 – 23 50 91 – Fax: 0251 – 23 19 72
e-Mail: vertrieb@lit-verlag.de – http://www.lit-verlag.de

Ulrich Willers (Hg.)
Theodizee im Zeichen des Dionysos
Nietzsches Fragen jenseits von Moral und Religion
Ist Nietzsche der Anfang vom Ende des Christentums? Seine Invektiven haben eine argumentative Kraft und Suggestivität, der man sich, wenn man einmal sich auf sie eingelassen hat, fast nur durch Flucht entziehen kann. Jedenfalls ist das die Haltung vieler Christen. Bemerkenswert ist dabei: Nietzsche gewinnt nicht nur dann an Gewicht, wenn man sich seinen Anfragen stellt, sondern auf eigentümliche Weise auch dann, wenn man ihm ausweicht. Im vorliegenden Band, der kompetente und renommierte philosophische und theologische Nietzsche-Kenner zu einem vielstimmigen Gespräch über Moral, Religion und Christentum versammelt (u. a. Ch. Türcke, J. Simon, J. Salaquarda, J. Figl, W. Stegmaier) geht es um eine kritische und kontroverse Konfrontation mit Nietzsches aus dionysischen Antrieben gespeister Analyse der platonisch-moralischen und christlichen Weltdeutung.
Bd. 25, 2003, 248 S., 20,90 €, br., ISBN 3-8258-5561-9

Ansgar Koschel (Hg.)
Katholische Kirche und Judentum im 20. Jahrhundert
Mit Beiträgen von Herbert Bettelheim, Ernst-Ludwig Ehrlich, Gabriel Padon, Gerhard Riegner, Herbert Smolinsky und Erich Zenger
Das Verhältnis zwischen Kirche und Judentum ist belastet von Anfang an. Im 20. Jahrhundert jedoch führten Einstellungen und Verhaltensweisen von Kirchen und Christen zu einem Tiefpunkt. Christlicherseits ist er nur durch Umkehr, jüdischerseits durch die Annahme aufrichtiger Umkehr heute lebender Christen zu überwinden.
Gleichgültigkeit und Schweigen sind Kennzeichen des Verhältnisses von Kirche und Christen zu den Juden, namentlich angesichts der geplanten wie ins Werk gesetzten Vernichtung durch das nationalsozialistische Regime in Deutschland. Nach der Schoa werden zunächst nur vereinzelt Handlungen sichtbar und Stimmen vernehmbar, die in den Juden Geschwister des Glaubens erkennen.
Bd. 26, 2002, 176 S., 17,90 €, br., ISBN 3-8258-5507-4

Christian Heller
John Hicks Projekt einer religiösen Interpretation der Religionen
Darstellung und Analyse – Diskussion – Rezeption
Bd. 28, 2001, 528 S., 40,90 €, br., ISBN 3-8258-5528-7

Peter Zeillinger
Nachträgliches Denken
Skizze eines philosophisch-theologischen Aufbruchs im Ausgang von Jacques Derrida. mit einer genealogischen Bibliographie der Werke von Jacques Derrida
Dieses Buch versucht das Denken des franz. Philosophen Jacques Derrida (*1930) für die Theologie nicht nur wahr-, sondern auch ernst zu nehmen. In Reaktion auf eine global gewordene „Grundlagenkrise" (von J. B. Metz theologisch als „Gotteskrise" diagnostiziert) wird die spezifische Wahrnehmung des Verlusts unhinterfragbarer Gewissheiten im Werk selbst nachgezeichnet. Derridas konsequent „performatives Schreiben" lässt die Dekonstruktion dabei, entgegen weit verbreiteter Meinung, als einen praxisfundierenden, das Wagnis konkreter Engagements kriteriologisch eröffnenden Diskurs erkennen, der sogar die notwendige Möglichkeit von Theologie philosophisch artikuliert. Prägende „Begriffe" wie *différance*, Spur und Schrift, das *donc*, die Erfahrung des Unmöglichen, sowie das notwendige Sprechen im Modus des *Vielleicht*, werden in einer genealogisch-chronologischen Lektüre aus den Texten Derridas selbst herausgearbeitet.
Bd. 29, 2002, 296 S., 35,90 €, gb., ISBN 3-8258-6144-9

Kurt Appel
Entsprechung im Wider-Spruch
Eine Auseinandersetzung mit der politischen Theologie des jungen Hegel
Ziel der vorliegenden Arbeit ist es, die Offenbarung Gottes in der Weltwirklichkeit und deren Brüchen herauszuarbeiten. Ausgangspunkt sind dabei die Jugendschriften Hegels, deren gesellschafts- und erkenntniskritisches Potential freigelegt und für das Offenbarungsthema fruchtbar gemacht werden soll. Dabei wird ein „positives" Herrschaftsdenken kritisiert, welches der Anerkennung der Anderen in einer freien Gesellschaft, an deren Gestaltung das Subjekt nicht nur formal partizipiert, entgegensteht.
Bd. 31, 2003, 208 S., 29,90 €, br., ISBN 3-8258-6605-x

LIT Verlag Münster – Hamburg – Berlin – London
Grevener Str./Fresnostr. 2 48159 Münster
Tel.: 0251 – 23 50 91 – Fax: 0251 – 23 19 72
e-Mail: vertrieb@lit-verlag.de – http://www.lit-verlag.de